Karl Tschuppik

Isabel

Emperatriz de Austria

Vitalis

Índice

Sobre el autor. Karl Tschuppik (1876–1937) era natural de la idílica ciudad vitivinícola de Mělník, al Norte de Praga. Pero la antigua Austria fue sobre todo la verdadera patria de este revolucionario periodista, editor e historiador, allí estuvo la piedra angular de la carrera de este escritor de talento y su estrecha amistad con Joseph Roth, Alfred Polgar y Alexander Roda Roda. Como historiador versado en los contextos políticos y con el olfato agudo de un gran narrador para los detalles, Tschuppik centró sus obras *Franz Joseph I. Der Untergang eines Reiches [Francisco José I. El declive de un imperio.]* (1928), *Elisabeth. Kaiserin von Österreich [Isabel. Emperatriz de Austria]* (1929) y *Maria Theresia [María Teresa]* (1934) en aquel mundo antiguo. A partir de su última novela *Ein Sohn aus gutem Hause [Un hijo de buena cuna]* (1937), se realizó en 1989 una película de notable éxito.

PORTADA (PÁGINA 1): Retrato de la joven emperatriz con capa de armiño, hacia 1855.

LINKS: Franz Xaver Winterhalter, *La emperatriz Elisabeth con estrellas de diamantes*, 1865.

18. 8. 1830. Nace en Viena Francisco José.

24. 12. 1837. Nace en Múnich Isabel.

1845. Las primeras farolas de gas alumbran las calles y plazas de Viena.

1848. Revolución en Viena. En octubre, la ciudad es bombardeada y tomada al asalto.

2. 12. 1848. El emperador Francisco José I comienza su reinado.

1849. Con ayuda militar rusa se reprime el levantamiento de Hungría.

1850. Tras la expansión de los arrabales hasta la muralla, la ciudad de Viena alcanza los 431.000 habitantes.

18. 2. 1853. El oficial de sastre húngaro János Libényi atenta en Viena contra el Emperador Francisco José I.

De julio de 1853 a marzo de 1856. Guerra de Crimea. Rusia debe ceder a Francia su hegemonía europea. Enemistad entre Austria y Rusia.

18. 8. 1853. Compromiso matrimonial en Ischl del emperador Francisco José I y la archiduquesa Isabel.

24. 4. 1854. Francisco José y Isabel contraen matrimonio en la iglesia de los Agustinos de Viena.

5. 3. 1855. Nace la primera hija de Isabel, la archiduquesa Sofía († 1857).

15. 7. 1856. Nace la segunda hija de Isabel, la archiduquesa Gisela.

Johann Josef Reiner, *Atentado contra el emperador de 23 años en los muros del castillo, cerca de la antigua Puerta de Carintia*, 1853.

"El emperador Francisco José I de Austria fue herido en la nuca por la mano de un asesino el 18 de febrero de 1853. Por la providencia divina, se salvó la sagrada cabeza del emperador de una muerte segura, gracias a la intervención del conde coronel O'Donell, ayuda de campo del emperador, y de Jos. Ettenreich, ciudadano de Viena. Ferdinand Braunsteiner dedica esta imagen en agradecimiento a Dios."

El conde Radetzky, mariscal de campo, con su Estado Mayor en los campos de batalla del norte de Italia, hacia 1850.

Noviembre de 1856. Francisco José y Isabel visitan Venecia; los italianos reciben con frialdad a la pareja imperial.

Enero de 1857. La pareja imperial visita Milán.

1857. Se abandonan las fortificaciones de Viena (Demolición 1858–76).

21. 8. 1858. Nace el príncipe heredero Rodolfo.

Junio de 1859. Guerra de Austria contra Cerdeña y Francia. Derrotas en las batallas de Magenta y Solferino.

Noviembre de 1859. En el tratado de paz de Zúrich, Austria debe renunciar a Lombardía

Febrero de 1861. Huida de la pareja real de Nápoles-Sicilia.

ARRIBA: Fotografía de la clausura de la Asamblea de los Príncipes de Fráncfort el 1 de septiembre de 1863 en los jardines del Palais Thurn y Taxis. El emperador Francisco José está en la escalera, en uniforme blanco, entre el rey de Baviera (izq.) y el rey de Hannover (der.).

ABAJO: La Ringstraße cerca del Burgtor, fotografía de Michael Frankenstein, hacia 1870.

MARZO DE 1861. Víctor Manuel se convierte en rey de Italia.

1861. Elección libre de consejeros municipales en Viena: los liberales consiguen la mayoría (hasta 1896).

SEPTIEMBRE DE 1862. Otto von Bismarck es primer ministro de Prusia.

AGOSTO DE 1863. Asamblea de los Príncipes en Fráncfort. Una vez más, Francisco José intenta establecer su primacía en la Confederación Germánica.

Alexander von Bensa, *Ataque de los ulanos Trani en la batalla de Custozza*, 1877.

Abril de 1864. EL archiduque Maximiliano acepta la corona imperial de México.

1864. Austria y Prusia juntas en la guerra contra Dinamarca (la guerra de Schleswig-Holstein).

1865. Se inaugura en Viena el primer tramo de la Ringstraße.

Junio/Julio de 1866. Guerra entre Prusia y Austria. El 3 de julio de 1866 Austria es derrotada por Prusia en la batalla de Königgrätz.

Junio/Julio de 1866. Guerra de Austria contra Italia (victoria austriaca en las batallas de Custozza y Lissa).

Agosto de 1866. Paz de Praga: Austria no debe ceder territorios a Prusia.
Se disuelve la Confederación Germánica. Venecia se cede a Italia.

1867–1871. El conde Beust ocupa los cargos de primer ministro y canciller del imperio.

8. 6. 1867. Francisco José es coronado rey de Hungría.

19. 6. 1867. Tras un cambio de gobierno, el emperador Maximiliano de México, hermano menor de Francisco José, es ejecutado.

ARRIBA: Entrada principal de acceso a la Exposición Universal de Viena, fotografía de Josef Löwy, 1873.

ABAJO: El príncipe heredero Rodolfo y la princesa Estefanía de Bélgica, en torno a 1880.

AGOSTO DE **1867.** Encuentro en Salzburgo de Francisco José I y Napoleón III.

22. 4. 1868. Nace la archiduquesa Valeria.

1869. Se inaugura la Ópera de la Corte.

1870–71. Guerra entre Alemania y Francia.
Francia se convierte en República y Alemania en Imperio.

1870–73. Se construye el Primer acueducto vienés de aguas de alta montaña.

1870–75. Se canaliza el Danubio.

1871–79. Gyula Andrássy es el ministro de asuntos exteriores de Austria-Hungría.

28. 5. 1872. Muere la archiduquesa Sofía.

21. 4. 1873. Nace en París Luigi Luccheni, el futuro asesino de la emperatriz Isabel.

1873. Exposición Mundial de Viena.
Crisis bursátil. Brote de una epidemia de cólera en Viena.

1874. Se inaugura el cementerio central de Viena.

1875. Muere el emperador Fernando I de Austria. Su heredero es Francisco José I.

1878. Ocupación de las antiguas provincias turcas de Bosnia y Herzegovina.

OCTUBRE DE **1879.** Alemania y Austria concluyen la Doble Alianza.

1879–93. Mandato del primer ministro Eduard Taaffe.

1881. Boda del príncipe heredero Rodolfo con Estefanía de Bélgica.

MAYO DE **1882.** Se forma la Triple Alianza entre Austria, Italia y Alemania.

1885. Primera reunión del Concejo Municipal en el nuevo Ayuntamiento de Viena.

13. 6. 1886. Muere el rey Luis II de Baviera.

Junio de 1888. Comienza el gobierno del emperador Guillermo II.

15. 11. 1888. A consecuencia de un ataque de apoplejía, muere el duque Maximiliano, padre de Isabel.

31. 1. 1889. Suicidio en Mayerling del príncipe heredero Rodolfo.

18. 2. 1890. Muere Gyula Andrássy.

Julio de 1890. Boda de Valeria con el archiduque Francisco Salvador.

Izquierda: El incendio del Ringtheater en una litografía contemporánea coloreada.

Derecha: Hermann Nigg, *Retrato de Karl Lueger (1844–1910) ataviado con traje histórico y medalla de honor*, 1876.

ARRIBA: La Hofburg de Viena, fotografía aérea hacia 1900.

PÁGINA DERECHA: Franz Schrotzberg, *La novia imperial, con 16 años*, hacia 1853.

1892. Tras la eliminación de las murallas y la expansión de los arrabales, Viena alcanza los 1.365.548 habitantes.

1895. En las elecciones municipales de Viena, los cristiano-sociales del Dr. Karl Lueger consiguen la mayoría.

1897. Graves disturbios de las nacionalidades del imperio como consecuencia de la "crisis Badeni".

1897. El 4 de mayo, Sofía, la hermana más joven de Isabel, pierde la vida en un accidente en París.

1897. Isabel celebra su sexagésimo cumpleaños en el Hotel Dominici en París.

10. 9. 1898. La emperatriz Isabel es asesinada en Ginebra.

21. 11. 1916. Muere en Viena el emperador Francisco José.

La emperatriz Isabel, conocida por pocos tanto durante su vida como también después de su muerte, ha seguido siendo un personaje velado. Tanto su vida como su muerte fueron poco corrientes, de modo que la esencia de su ser no es fácil de distinguir para el investigador. La hermosa princesa de dieciséis años, arrancada por un capricho de su mundo de hadas y del paisaje de fantasía de los Wittelsbach, se vio envuelta, como esposa de su primo el emperador Francisco José, en una existencia de conflictos, tormentos y sufrimiento profundo. El matrimonio, la extraña Corte de los Lorena, la madre de Francisco José, las razones de Estado y el énfasis en la dignidad encerraron a la jovencísima princesa romántica en una cárcel enemiga. Isabel buscó escapar del matrimonio y de la Corte, pero no consiguió tomar una decisión propia conducente a la liberación y a la libertad.

PÁGINA IZQUIERDA: *Isabel sostiene en la mano un medallón de su amado*, hacia 1854.

Salida de la emperatriz Isabel al Prater de Viena, hacia 1860.

La autoridad en la Corte de Viena: la archiduquesa Sofía

Durante veinticuatro años la madre del emperador fue la persona más decisiva de la Corte. ... Se ha comparado a esta mujer con María Teresa, aunque muy injustamente. La madre de José II fue tan diferente de la madre de Francisco José como lo fueron entre sí el emperador José y el emperador Francisco José. Lo que diferenciaba a la archiduquesa Sofía de la emperatriz inteligente y con sentido práctico era su moralismo ajeno a la vida real. María Teresa gobernaba, la archiduquesa Sofía predicaba. Estaba convencida de que había que mejorar a los seres humanos, mejorarlos según sus convicciones. Para ella, toda ocasión era buena para explayarse, para convertir a alguien. En una ocasión, durante un paseo por Innsbruck, conoció a la poetisa tirolesa Walpurga Schindl, hija de una hospedera. Durante

Izquierda: La primera foto de la princesa (Alois Löcherer, 1852–53)

Derecha: La archiduquesa Sofía de Austria, suegra de Isabel, fotografiada hacia 1864.

mucho tiempo mantuvo una correspondencia epistolar con esta persona que estaba acosada por ideas patrióticas y religiosas. Podía ser buena y superar lo humano cuando sentía que era una herramienta de la justicia celestial, pero tanto más estrictamente perseguía todo intento de libertad del espíritu. Después del atentado contra el emperador, fue a "rezar por el asesino de su hijo", indujo a Francisco José a preocuparse por la madre del autor del atentado, que había sido ejecutado, pero al mismo tiempo pensaba que el patíbulo establecido para los criminales políticos era bueno y se ocupaba en cada caso de que no se librara ningún malvado. La fea persecución de Konrad Deubler[1], el filósofo campesino de Goisern, se debió a una orden suya. Pero en modo alguno era puritana. Ella misma procuraba que el emperador se divirtiera y disfrutara de la vida.

Anton Einsle, *Francisco José tras acceder al poder*, 1849.

El emperador Francisco José busca novia

En el breve periodo que va desde 1849 hasta febrero de 1851 sólo la archiduquesa Sofía organizó siete bailes festivos. Durante este tiempo Francisco José parece un hijo modélico en todo lo que hace. Baila, porque su madre lo desea.

La baronesa Scharnhorst escribe sobre ello en cartas a una amiga: "Al emperador le encanta bailar y baila maravillosamente, no es adulación decir que es el mejor bailarín y el más incansable. No se puede saber adónde llevará esto. Los oficiales bailan por obligación o por ganas, según sus fuerzas, cada condesa se siente feliz de ser la elegida del emperador. Vuelan hacia allí como animadas por el corno mágico de Oberón y disfrutan plenamente de su felicidad. ... Además de Su Majestad, bailan seis archiduques, el archiduque Guillermo, dos hermanos del emperador y tres hijos de Rainiero, todos ellos apasionadamente. El ramillete de jovencitas es bastante menor que hace años, pero hay algunas jóvenes mujeres hermosas que adornan los bailes y bailan furiosamente". Entre estas mujeres estaba la bella condesa Isabel Ugarte, de diecinueve años, a la que distinguía especialmente Francisco José. Ella misma cuenta a una amiga: "Estoy encantadísima con los bailes de la Corte, porque siempre bailo con nuestro delicioso emperador. En dos ocasiones el cotillón, lo que, como te puedes imaginar, causó una gran sensación y fue un pequeño halago para *ma petite vanité*. Estoy fascinada por nuestro bien amado monarca, que es el compendio de todo lo bueno que se puede imaginar. También es amable su conversación y, cada vez que se habla con él, es más agradable". La condesa gustaba mucho al emperador, no así a su madre. Poco después del conspicuo trato preferente, cayó en desgracia. La baronesa Scharnhorst registra: "La Ugarte baila

Francisco José y sus hermanos Carlos Luis, Maximiliano y Luis Víctor.

como una dieciochoañera. Pero algo ha cambiado. Imagínate, Su Majestad ya no baila con ella, o lo hace raramente. *Elle n'a pas le talent de conserver les affections* y ha entrado en una sociedad muy mundana". La madre del emperador se opuso una segunda vez, cuando Francisco José se aproximó a la archiduquesa Isabel, hija del archiduque José, Palatino de Hungría. Esta atractiva mujer era la viuda de Fernando de Austria-Este. No sólo esto molestaba a la madre, sino también la escasa diferencia de edad. Tenía otros planes: la princesa Elena, hija mayor de su hermana Ludovica, debía ser la novia de Francisco José. Pero cuando en el otoño de 1853 Ludovica llegó a Ischl con sus dos hijas, Francisco José no se comprometió con Elena. Eligió a su hermana de dieciséis años. Fue la primera vez que el hijo actuó oponiéndose a un deseo de su madre.

Wilhelm Gause, *La villa imperial en Ischl.*

El padre de Isabel, duque Max en Baviera tocando la cítara. Al fondo, el castillo de Unterwittelsbach.

La hermosa y singular princesa no sospechaba el pe sado destino que le depararía su consentimiento. Había heredado mucho de su padre, el duque Maximiliano en Baviera, el "Phantasus"[2] de los relatos de viajes y novelas. Sobre todo, su sentido de la independencia, que lo había llevado a buscar su propio camino, a aprender filosofía e historia de la literatura en la Universidad de Múnich, y a viajar, a recorrer Grecia, Turquía, Egipto y Nubia, hasta la segunda catarata del Nilo. El duque Maximiliano era un bohemio aristocrático que prefería la vestimenta bávara, con la cazadora y los pantalones hasta la rodilla, al uniforme de general de su regimiento de caballería. Como más a gusto se sentía era en compañía de su "músico de la corte", Johann Petzmacher, aquel curioso hijo de un hospedero vienés al que había conocido en Bamberg en 1837. Petzmacher, virtuoso de la cítara alpina, era uno de los favoritos de las casas aristocráticas de Viena, que con gusto condimentaban entonces los postres con su música y su primitiva presencia. El padre de Isabel aprendió a tocar la cítara con Petzmacher y mantuvo consigo al alegre vienés hasta que éste murió. El citarista acompañaba al duque en sus largos viajes. Dicen que la cítara se escuchó incluso en la cima de la pirámide de Keops. Al duque le encantaban tales extravagancias.

La hija heredó sus atributos decisivos del padre, además del orgullo de la madre.

PÁGINA IZQUIERDA

ARRIBA: Franz Xaver Nachtmann, *Possenhofen en el lago de Starnberg*, la residencia de verano de la familia de Isabel, 1839.

ABAJO IZQUIERDA: Joseph Karl Stieler, *La duquesa Ludovica, madre de Isabel*, década de 1830.

ARRIBA DERECHA: La futura emperatriz a la edad de cuatro años.

Adiós a la infancia: el compromiso matrimonial en Ischl

El hogar de Isabel era el palacio de Possenhofen, en el lago de Starnberg, donde había crecido en una hermosa libertad. Sisí, como la llamaban en círculos familiares, era la segundona, detrás de su hermana mayor Elena y, precisamente por ello, todo lo que perdió en atención lo ganó en libertad. Ella misma dijo una vez a su lector Christomanos que, como joven emperatriz, era "la princesa más ignorante de Europa". Sus ocupaciones preferidas eran montar a caballo, retozar por el parque y por las orillas del lago. Su forma de andar, leve y suspendida, era como la de su padre. Su lugar preferido, la caballeriza del padre. El día más triste del año fue cuando se tuvo que despedir de Possenhofen. Cuando en el otoño de 1852 la princesa quinceañera dejó ese lugar amado, no sabía que sería una despedida para siempre. Las dos hermanas, la archiduquesa Sofía, madre del emperador, y la duquesa Ludovica, madre de Isabel, habían convenido un encuentro en Ischl en

Sisí con once años junto a su hermano Carlos Teodoro, conocido como "Nata". Al fondo, el lago de Starnberg.

Página derecha: Carl Theodor von Piloty y Franz Adam, *La princesa Isabel a caballo delante del Palacio de Possenhofen*, 1853. El retrato fue un regalo de Navidad para Francisco José.

el verano del año siguiente. No sin un propósito, es probable que secretamente estuvieran de acuerdo en unir a Elena, de veintitrés años, con Francisco. La madre de Isabel se alojó con sus hijas en el Hotel Elisabeth y los padres del emperador en su palacete de verano. El 17 de agosto de 1853 Ludovica invitó a comer a su sobrino.

En la mesa para cuatro se sentaron el joven emperador, Elena y sus padres. Sisí comió con su institutriz en la habitación contigua. La duquesa pensaba que era conveniente que la impetuosa hija menor no estuviera presente en aquella decisiva ocasión. El tiempo de la visita está predeterminado y, minuto a minuto, se acerca el momento en que Francisco José debe tomar una decisión. Siente la mano de la madre, esa mano tierna pero fuerte que lo quiere guiar por ese inquietante momento. Siente las dudas que palpitan en su sangre, se ve despidiéndose de los pequeños deleites de la soltería. En las pausas de la conversación oye el tictac de los segundos, lo agobia observar la timidez de Elena y la mirada de su tía, que temerosamente transmite una pregunta. En ese momento de vacilación de la hija mayor se oye desde la habitación contigua la voz de la muchacha de dieciséis años. Llaman a la mesa a Sisí, la niña. Entra animadamente a en la habitación. Sus mejillas están encendidas por una pequeña discusión con la institutriz. Saluda a su primo Francisco José con infantil timidez, sin sospechar la importancia que ese momento tiene para los adultos presentes. El joven emperador se queda deslumbrado por la joven. En su cerebro

Como joven novia, a Sisí se la solía representar con frecuencia acompañada de flores, sobre todo de rosas.

IZQUIERDA: Una ilustración de un periódico muestra a la joven Isabel despidiéndose de su hogar en el lago de Starnberg.

DERECHA: Las gentes de Múnich despiden de su ciudad natal a la joven novia.

surge una decisión súbita que aparta toda inhibición y toda duda. Su esposa no va a ser Elena, sino Sisí. La manecilla del reloj llama al emperador y el destino de Francisco José y de Isabel queda sellado.

El dieciocho de agosto, día en que Francisco José cumple veinticuatro años, ante el portal de la iglesia, la madre del emperador cede el paso a la jovencísima Isabel. La Corte y el mundo saben lo que ha sucedido. El "*Wiener Zeitung*", diario del gobierno del Estado, informa cinco días después "Su Majestad Apostólica Imperial y Real ... el Emperador Francisco José Primero, tras obtener el consentimiento de Su Majestad el Rey Maximiliano Segundo de Baviera, se ha prometido en Ischl con la Princesa Isabel Amalia Eugenia en Baviera, Duquesa en Baviera, hija de sus Altezas el Duque Maximiliano José y de la Duquesa Ludovica, nacida Princesa Real en Baviera. Que la bendición del Señor Todopoderoso ..." El joven emperador permanece un mes con su prometida. Es la primavera de la vida de Francisco José, el tiempo de la pura felicidad, cuando le está permitido ser nada más que feliz, libre de las presiones que impone la dignidad.

Adiós, calladas estancias,
adiós, viejo palacio.
Primeros sueños de amor,
reposad en el palacio del lago.

Adiós, desnudos árboles,
y arbustos, pequeños y grandes.
Cuando volváis a brotar,
lejos de aquí estaré.

Isabel (1853)

En el barco de vapor "*Franz Joseph*", Sisí se traslada junto a su familia de Linz a Viena por el Danubio, 1854.

Con el barco de la novia a Viena

El 20 de abril de 1854 Isabel se despidió de Múnich y en los días siguientes hizo el viaje por el Danubio, de Straubing a Linz, en el vapor "*Stadt Regensburg*".

El veintidós de abril un nuevo vapor, más grande que el barco bávaro y que lleva el nombre del soberano, espera a Isabel para llevarla a Viena. El emperador había enviado todas las rosas de Schönbrunn para engalanar el vapor. Este florido ropaje del barco es el mejor regalo de buen gusto entre los muchos obsequios que esperan a Isabel. Francisco José se desplaza a Viena muy temprano. El vapor tarda todo un día en llegar a Viena. En la Wachau, entre las abadías de Melk y Krems, el sol luce sobre el más hermoso paisaje que se extiende río abajo por Austria. Antes de llegar a Viena, las nubes cubren el cielo. Son las cinco y media de la tarde cuando el barco atraca en Nussdorf, el puerto de Viena.

Romy Schneider, con solo 16 años, y Karlheinz Böhm, en el papel de la joven pareja imperial.
La trilogía de *Sisí*, de 1955–57 fue uno de los mayores éxitos de taquilla del cine alemán de la postguerra y es el clásico indiscutido del género de películas nacionales.

La entrada en Viena, al día siguiente, tuvo lugar con todo el boato del ceremonial de los Habsburgo. Un cronista que describe la boda del 24 de abril de 1854 relata cada paso de la joven emperatriz.

Desde el alba, Isabel es una esclava del ceremonial. Muchas manos se han afanado durante horas con su traje de novia. Es de seda pesada, ricamente entrelazada con oro y plata. Lo cubre un manto bordado en oro que termina en la cola. Un broche de diamantes sujeta el largo velo del más fino encaje de Bruselas. Más pesada es la reluciente diadema de diamantes, regalo de bodas de la archiduquesa Sofía. La madre del emperador

DOBLE PÁGINA ANTERIOR: Johann Erdmann Gottlieb Prestel, *La joven pareja, durante su compromiso matrimonial, en un paseo de Ischl a Hallstatt*; el cochero es el Ayudante General imperial conde Karl Ludwig von Grünne, hacia 1855.

PÁGINA IZQUIERDA: Franz Xaver Winterhalter, *La emperatriz Isabel en bata*, 1864.

ABAJO: La llegada de la novia imperial fue festejada en Viena como gran espectáculo. Una noticia de prensa del 22 de abril de 1854 anuncia la instalación de tribunas para espectadores.

Pränumeration:
Wien: Ganzjährig 6 fl., halbjährig 3 fl., vierteljährig 1 fl. 30 kr. — Das Morgenblatt sammt feuilletonistischer Beilage kostet 2 kr. CM., das Abendblatt 1 kr. CM. — Provinz: mit einmaliger Postversendung: ganzjährig 10 fl., halbjährig 5 fl., vierteljährig 2 fl. 30 kr.; mit separater Zusendung des Abendblattes vierteljährig 3 fl. 30 kr.; mit einziger Separatsendung des Montag Abendblattes vierteljährig 3 fl. CM.

Die Presse.

Motto: Gleiches Recht für Alle!

Inserate:
Auf der 1. Seite, sowie Briefe an den Redacteur und andere Einsendungen, die gespaltene Petitzeile 10 kr. CM., auf allen übrigen Seiten des Blattes kostet die gespaltene Petitzeile 5 kr. — Ankündigungs-Bureau: Wollzeile Nr. 774. Redaction: Weißgärber Gärtnergasse Nr. 118. Unfrankirte Briefe werden zurückgewiesen. — Unversiegelte Zeitungsreclamationen werden von allen Postämtern portofrei befördert. — Mit einer Morgen- und Abendbeilage.

№ 92. Wien, Samstag 2[illegible]. April 1854. 7. Jahrgang.

Vom löbl. Magistrate der k. k. Haupt- und Residenzstadt Wien wurde dem Gefertigten die Aufstellung einer großartigen

Schautribune

zu dem feierlichen Einzuge Ihrer k. Hoheit der durchlauchtigsten Kaiserbraut bewilligt.

Diese Tribune wird auf dem schönen, ganz freien Platze **vor dem Starhemberg'schen Freihause auf der Wieden**, knapp an der Hauptstraße, aufgestellt, und es wird hier den Zusehern die Gelegenheit geboten, **die hohe Kaiserbraut selbst**, wie auch den ganzen glänzenden Einzug so nahe und so deutlich zu sehen, wie es kaum aus irgend einem Fenster möglich sein dürfte.

Der Platz, ganz nahe an der Straße, ist hiezu so günstig gelegen, daß man den Zug schon von der Paulanerkirche herankommen und bis über die prachtvoll decorirte neue Elisabeth-Brücke ganz bequem übersehen kann.

Diese, ganz mit bequemen, im ersten und zweiten Range logenartigen Sitzplätzen versehene, äußerst solid und fest gebaute Tribune wird dem feierlichen Empfange entsprechend festlich decorirt und rings herum mit auf hohen Masten flatternden Fahnen der Stadt Wien, ferner in den österreichischen und bairischen Farben geschmückt sein.

Für den zweckmäßigen Zugang und sonstige Bequemlichkeit der Zuseher wird bestens gesorgt sein.

Sitzplätze ersten, zweiten und dritten Ranges werden vom **Gefertigten** und aus Gefälligkeit **in der Modewaarenhandlung „zum goldenen Schwan" am Hof und in der Seiden- und Modewaarenhandlung „zur Brieftaube" am Bauernmarkt, im Caffé Daum am Kohlmarkt und an der Tribune selbst** ausgegeben.

2198

Anton Irschik, bürgerl. Tischlermeister, Wieden, Wehrgasse 856

había llevado esta espléndida joya el día de su boda. Ahora brilla en el cabello de Isabel, abrazada por la corona de fresco mirto y azahar de la novia. Un collar de diamantes rodea su cuello. Este fatigoso vestirse y engalanarse es un prueba muy dura, con cada mano extraña que toca su cuerpo, endereza o manipula algo. Isabel siente cada vez con más fuerza esa metamorfosis por la que está pasando. ¿No será muy pesado llevar esa diadema durante toda la vida? El reloj no da tregua para pensar, le dicta minuto a minuto lo que ha de suceder. El carruaje de la novia espera. Ocho de los más nobles caballos de la caballeriza imperial, de un blanco deslumbrante, retenidos con bridas barrocas adornadas

IZQUIERDA: La joven pareja en 1858.

DERECHA: Portada de una edición de fiesta del *Innsbrucker Nachrichten* con ocasión de la boda de Isabel y Francisco José.

Innsbrucker Nachrichte

Erster Jahrgang.

Montag — № 74 — 24. April 1

Während der Vermählung

SEINER KAISERL. KÖNIGL. APOSTOL. MAJESTÄT DES KAIS

FRANZ JOSEF I.

mit

Ihrer königl. Hoheit der durchl. Prinzessi

ELISABETH,

Herzogin in Baiern,

am 24. April 1854:

Und rufen die Glocken hin zum Altar
Den mächtigen Träger von Oesterreichs Aa
Und hat Ihn vereinet das Sakrament
Mit Ihr, die der Kaiserstaat Mutter dann nen
So danket dem Herrn, und jubelt laut:
„Den Neuvermählten nächst Gott vertraut!"

de oro, aguardan piafando el momento en que la novia del emperador subirá a la carroza. Es una imagen de cuento de hadas. La famosa "*Wagenburg*" de la Corte de Viena ha cedido su tesoro más preciado, el carruaje de novia de cristal y oro sobre cuyas puertas brillan los colores de Rubens. Los jinetes de la escolta, intendentes de la Corte, cocheros y lacayos llevan el frac rojo con galones dorados, de Corte español, y una peluca blanca bajo el tricornio. Los cañones situados en los baluartes comienzan a tronar y todas las campanas de Viena se lanzan al vuelo cuando el carruaje de la novia se pone en marcha en el Theresianum. Comienza el tumulto de los vítores de miles de gargantas que se extienden interminablemente. El alcalde y los ediles dan la bienvenida a Isabel en el límite del barrio de Wieden, en el puente nuevo que sobrevuela el foso de la ciudad. Desde aquí hasta la Puerta de Carintia, nueve mil vieneses forman una densa calle. Hijas de patricios, vestidas

IZQUIERDA: Franz Schrotzberg (atribuido), *La emperatriz Isabel de Austria*, hacia 1855.

DERECHA: Franz Schrotzberg (atribuido), *El emperador Francisco José I de Austria*, hacia 1855.

Nunca podré olvidar aquel día de abril. Los viejos se sentían jóvenes de nuevo, los afligidos se sentían de nuevo alegres, los enfermos olvidaron sus males y los pobres su necesidad y sus preocupaciones.

Un testigo de las celebraciones de la boda

de blanco, arrojan rosas. En el portal principal de la Hofburg espera el emperador, rodeado de toda la Corte. Son las siete de la tarde. La cabeza del cortejo de la novia entra en la iglesia de los Agustinos. Aquí se han unido los grandes artistas del ceremonial de los Habsburgo con los maestros del oropel católico, a fin de engalanar la iglesia para esta ocasión. Las paredes están recubiertas con los preciados gobelinos de la Corte; las columnas, sillas y bancos están tapizados con damasco, pesadas alfombras cubren los suelos de piedra y diez mil velas iluminan el recinto. Aquí se ha reunido, en una gigantesca ostentación visual, toda la dignidad del trono imperial: el rojiverde de los guardias se mezcla con el blanco de las casacas de los generales, el escarlata de los cardenales, el oro y plata de los consejeros áulicos y los ministros. Los trajes de los nobles

húngaros y polacos, uniformes extranjeros, ornatos, gorros de pieles, cascos, penachos, condecoraciones, piedras preciosas, ribetes de oro y espadas enmarcan el altar elevado ante el que está la pareja de novios. El príncipe arzobispo Rauscher, profesor del emperador y confidente de su madre, celebra la ceremonia. Cuando dirige la pregunta a los novios reina un profundo silencio. Isabel se estremece cuando oye la primera salva que resuena en la Josephsplatz. El tronar de los cañones interrumpe a trozos las palabras del cardenal a la pareja: "... paz y unidad ... el vínculo del amor ... la felicidad fluye ... podéis darle vuestro corazón confiando en su amor inquebrantable ... su alegría y su esperanza, su orgullo y su honor ... desde el Lago de Constanza hasta las fronteras de Transilvania, desde el río Po hasta las playas del Vístula treinta y ocho millones de personas miran con amor ... La carga puesta sobre sus hombros ... Vos, princesa, estáis llamada a ..." El ruido de los cañones y las salvas de infantería no dejan oír una cita de San Agustín. El cardenal concluye su sermón: "... seréis para él, en medio de las procelosas olas, una isla en la que brotan rosas y violetas ..."

Franz Ruß el Viejo, *La emperatriz Isabel, 1855.*

Alexander von Bensa, *Paseo a caballo del emperador Francisco José y la emperatriz Isabel.*

Abajo: August Mansfeld, *Visita de la emperatriz Isabel a los comedores populares*, 1876.

Página derecha

Izquierda: Representación cotidiana: la joven pareja imperial en el teatro real e imperial de la Hofburg, 1855.

Derecha: Heinrich Mittendorf, *Los suegros de Sisí, el archiduque Francisco Carlos y la archiduquesa Sofía*, 1908.

La sencilla joven no sospechaba lo que encerraban esas palabras. No se puede imaginar un contraste mayor que el de la hermosa libertad en el lago de Starnberg y el ceremonial cortesano de Schönbrunn, entre la vida en casa del padre y la existencia de una emperatriz de Austria, con sus obligaciones de representación, entre la vida bohemia aristocrática sin presiones y el estricto horario de la etiqueta cortesana española. En su casa, como mucho, la observaba su madre. Aquí, en Schönbrunn, miles de maliciosas miradas exigían el cumplimiento de las obligaciones prescritas.

Isabel no procedía de una casa campesina y, pese a toda la libertad que había tenido de niña, la habían educado como a una princesa, conociendo, además, la Corte de Múnich. No es el desconocimiento del ceremonial vienés lo que ensombrece el cielo de la nueva felicidad.

Isabel vive sus primeras horas penosas. El cielo al que la han elevado comienza a tambalearse, el poder omnímodo que esparcen sobre ella resulta ser sólo un regalo de palabras, palidece la imagen de sus virtudes, que acaban de pintar con alabanzas. La joven emperatriz está protegida para no sucumbir al señuelo del poder exterior, la ascensión a la majestad es para ella la culminación de un sueño, no una carrera profesional. Sin embargo, el desencantamiento es cruel. Nunca antes había recibido órdenes. Su madre podía ser estricta, pero de una manera que no hería el orgullo de Isabel. Su padre nunca le daba órdenes. Se conocía bien y conocía bien a su hija, y habría rechazado toda educación por la fuerza como expresión del miedo a lo natural. Sólo los fracasados requieren mano dura. Bajo la noble indulgencia de su padre, Isabel había sido una reina. Ahora, como emperatriz, la madre del emperador la trata como a una escolar en un internado. Además de las muchas y pesadas instrucciones sobre las cosas de la Corte, Isabel debe aprender a conocer un mundo

Catorce días después de la boda, el 8 de mayo de 1854, Isabel escribe estos versos:

¡Oh, que nunca hubiese dejado la senda
que me hubiera llevado
a la libertad!
¡Oh, que nunca
me hubiera perdido
por los anchos caminos
de la vanidad!

He despertado en
un calabozo
y mis manos están
encadenadas.
Mi añoranza es cada
vez mayor –
¡Libertad! Me has
abandonado.

He despertado
de la embriaguez
que apresaba mi espíritu,
Y maldigo en vano
este trueque,
en el que te he perdido: ¡Libertad!

nuevo, regido por miles de normas. Ya en los primeros días, los de arriba fruncen el ceño y le hacen reproches, mientras los de abajo hacen movimientos de cabeza y expresan sorpresa. A la emperatriz no le gusta el desayuno oficial, que no se corresponde con sus costumbres. El preceptor de la Corte, obligado por las formas, repite cada día la invitación. Los servidores están asombrados de que Isabel calce los mismos zapatos durante un mes, en vez de usar cada día un par diferente, como está mandado. La emperatriz no soporta conservar puestos los guantes en las recepciones, como lo exigen las formas. Las damas de la Corte están horrorizadas. Le cuesta mucho no estar nunca sola, se siente presa y observada. Las salas y habitaciones de la Hofburg la oprimen. Sólo poco a poco es capaz de arreglar a su propio gusto algunos recintos. En el palacio citadino

y en Schönbrunn hay una disposición que le parece atroz. Las damas de la Corte deben estar en el pasillo, detrás de la mampara, sin preocuparse por el gendarme que allí patrulla arriba y abajo. No soporta el aire del antiguo palacio. Se producen los primeros conflictos entre la emperatriz madre, la vieja dama de la Corte, y la joven emperatriz. Por asuntos del ceremonial, de las recepciones y las asistencias a la iglesia, pero que en realidad se deben a los contrastes de sus caracteres, a los nervios, a las formas de pensar y de sentir. Isabel no es devota tal como lo entiende la archiduquesa Sofía. No conoce la obligación de confesar y comulgar ateniéndose al calendario, no es capaz de poner sus nervios al servicio del ceremonial, sacrificando para las recepciones el poco tiempo libre que le queda. Pero "*Madame Mère*", como llamaban a Sofía, es inflexible. Quiere que Isabel sienta que ha tenido una suerte inconmensurable. El orgullo de Isabel se rebela ante tales insinuaciones. "Al parecer, Su Majestad piensa que está en las montañas

Anton Einsle (atribuido), *La emperatriz Isabel de Austria*. Retrato de la joven emperatriz con collar de perlas, vestido de encaje y capa de armiño, hacia 1855.

La familia imperial en el jardín de Schönbrunn, en el exterior izquierda, el emperador Francisco José, junto a él la pareja imperial Maximiliano y Carlota, a continuación los hermanos del emperador Luis Víctor y Carlos Luis, en el sofá la emperatriz Isabel con sus hijos Rodolfo y Gisela. A su lado, la madre del emperador, Sofía, y sentado en la silla, su esposo Francisco Carlos. Fotografía de Ludwig Angerer, 1859.

Anton Perko, *El palacio de Laxenburg*, 1884. En este lugar idílico, a unos 20 quilómetros al Sur de Viena, pasaron su luna de miel Isabel y Francisco José. También aquí nació su hijo Rodolfo el 21 de agosto de 1858.

de Baviera ...” Isabel tuvo que escuchar esta frase cuando una vez hizo parar el coche en el Ring de Viena y, acompañada por la dama de la Corte, entró en una tienda de la Kärntnerstrasse para comprar algo que le había gustado en el escaparate. Los paseantes se agolparon ante la tienda, el acucioso dueño hizo llamar a la policía, hubo un escándalo, y el jefe de policía mandó un informe a Schönbrunn. Se reprocharon mucho a la emperatriz los sucesos de esta clase. Su Majestad se había atrevido a salirse del marco de su imagen simbólica. Desde ese momento, Isabel rehuyó a las personas.

Tenía dieciocho años y se volvió huraña. Se apartó del trato con la gente, vivía al margen de la Corte, leía, aprendía idiomas. El ambiente antihúngaro de la Corte pudo haberla estimulado a dar preferencia precisamente a la lengua húngara. A esto pudo haber contribuido el hecho de que sus profesores de húngaro, como el Dr. Max Falk, el futuro redactor jefe del “Pester Lloyd”, abrieron para ella un mundo nuevo.

Inquieta espera de un heredero al trono

En la primavera de 1855 cambia la vida de Isabel, en mayo se convierte en madre. Bautizan a la niña con el nombre de Sofía. Se restringen mucho las alegrías de la madre, pues la archiduquesa Sofía se hace cargo de la niña. La emperatriz tiene una salud delicada.

El destino de la emperatriz es dar herederos al trono, pero ¿por qué no llega el heredero? Fue decepcionante y en contra de lo esperado que en junio de 1956 Isabel diera a luz otra niña. Los dos tiernos bebés, Sofía y Gisela, hacen renacer las antiguas dudas de la madre del emperador, se echa la culpa por haber cedido, le parece que se ha confirmado que Isabel no era la esposa adecuada para Francisco José.

El treinta de mayo de 1857, durante un viaje por la provincia húngara, llaman urgentemente a la pareja imperial para que regrese a Budapest. La hija mayor, Sofía, ha enfermado repentinamente dos días antes.

El palacio de Schönbrunn visto desde el jardín. Parte de un cuadro de Canaletto, hacia 1760.

La emperatriz Isabel, fotografía de Ludwig Angerer, hacia 1860.

Habían dudado en informar a la emperatriz. Ahora es necesario, la niña ha muerto.

Quienes vieron en esos días a la emperatriz, observaron que había cambiado. Había perdido su naturaleza juvenil, la clara mirada inquisitiva de sus ojos brillantes, esa permanente sonrisa de labios y mentón, la alegre inquietud de sus miembros. Parece que Isabel ha crecido, es extremadamente delgada, la espesa corona de su cabello oscuro enmarca un rostro delicado y pálido. Sus rasgos han perdido la redondez infantil, son más marcados, y sus ojos son más grandes. Isabel acelera el paso cuando alguien se le acerca en el parque del palacio. Su mirada es tímida, casi temerosa. La sonrisa ha desaparecido de su rostro. La emperatriz tiene veinte años de edad. ¿Cuáles de los ojos que la espían, la observan, la siguen con curiosidad, ternura o insensibilidad, podrán desentrañar el enigma? ¿Es Isabel un enigma? Los fríos ojos de la Corte miran sorprendidos a la princesa bávara que no sabe valorar su encumbramiento, que pensativamente pasa de largo ante su felicidad, que recorre doliente la magnificencia de sus palacios hasta huir con un suspiro hacia la soledad. ¿Es el orgullo, la altanería, o es un temerario desafío del destino? La mujeres comprenderán a Isabel, todas las mujeres que han vivido la gran decepción detrás de las puertas del aposento del matrimonio.

El mandamiento del matrimonio adquiere en las alturas del trono un tono imperativo: hay algo en juego más importante que tu felicidad, ¡has asumido deberes superiores a tu propio destino! Los oídos de una mujer decepcionada sólo oyen la orden de la renuncia, no la llamada a la conciencia social.

Lo que se pide a la reina también lo percibe, con otras palabras, la esposa de un burgués: el honor y el prestigio de la casa son más importantes que la felicidad de tu vida; el renombre de la empresa no se puede permitir un escándalo matrimonial; ¡el buen nombre y el crédito del esposo exigen que renuncies! La Corte no comprende a la emperatriz de veinte años; la nobleza, que posee sus propias libertades para mantener los matrimonios sin respetarlos, se ríe del dolor de la decepcionada, como si sólo fuera romanticismo sentimental; y ella misma no sospecha en su soledad que es el gran símbolo de todas las mujeres burguesas no libres que pasan tristes sus días y sus noches en matrimonios sin amor.

Cuando queda embarazada por tercera vez, una gran inquietud se apodera de Isabel. Sabe lo que se espera de ella, lo que se le da a entender de modo velado o explícito, aquello de lo que se habla. Se excita cuando piensa en ello y recuerda la horrible advertencia que le han puesto sobre la mesa[3]. ¿Es posible dar órdenes a lo insondable? ¿Es posible hacer que la naturaleza responda a los deseos del trono? También ella anhela tener un hijo que dé sentido a los días por venir, a la vida. En sus paseos solitarios por el Parque de Laxenburg durante las tranquilas horas de la noche, cuando ha enmudecido el último ruido del tenebroso palacio, piensa incesantemente en ello. Será su criatura, ese hijo, igual a ella en su forma de pensar y de sentir, a él quiere darle un alma y el orgullo de su propia alma.

Josef Kriehuber, *Isabel con su hija Gisela y el recién nacido Rodolfo*, 1858. En el cuadro de la pared se puede ver a la fallecida Sofía.

En la mañana del veintidós de agosto de 1858 ciento un disparos de cañón anuncian que la víspera el trono de Austria ha recibido un heredero. El feliz padre coloca la Orden del Toisón de Oro en la cuna del niño. La madre está muy debilitada. No percibe nada de la algarabía en las calles de Viena, del ruido alegre con el que la capital festeja el acontecimiento. Se siente inmersa en una nube de amor, afecto y simpatía. La madre del emperador parece otra cuando aparece junto a la cama de Isabel. La delicada consideración, el repentino afecto le hacen daño. La madre ve cómo unas manos extrañas sujetan al niño, lo levantan y lo raptan. Ella lo ha dado a luz, pero no le pertenece. La ley de la dinastía se lo apropia. Isabel se siente impotente, no tiene fuerzas suficientes para luchar por su hijo, su salud es precaria. El pequeño Rodolfo crece con su niñera "Wowo", la baronesa Weiden.

La suegra no permite que el heredero de uno de los imperios más poderosos sea educado por la joven emperatriz "que no es capaz de educarse a sí misma". Lo mismo opinaban el partido de la Corte, la archiduquesa Isabel, la madre de la reina

Página izquierda: Retrato fotográfico del príncipe heredero, hacia 1870.

Derecha: Eduard Kaiser, *Francisco José e Isabel con sus hijos*, alrededor de 1859.

regente de España, mujer muy apreciada por Francisco José, así como Carlota, la esposa de Maximiliano, que rápidamente se había ganado la simpatía de Madame Mère. En 1860, tras seis años de matrimonio y a los veintitrés años de edad, Isabel está aislada. Todo un drama. Una vez había sucedido que una emperatriz del círculo interno, hermosa y singular, subió al trono, pero ni Sofía ni la Corte reconocían la nobleza de esta mujer. Su nobleza no era la del ceremonial cortesano español, no venía de los Habsburgo, si se puede decir de esta manera, según lo acuñó el poeta vienés Peter Altenberg.

Isabel quiere ahorrar a su hijo lo que ella tuvo que padecer. Ama a Rodolfo, inteligente, muy desarrollado

IZQUIERDA: El príncipe heredero Rodolfo, con chacó y espada, 1861.

DERECHA: Fotografía de Rodolfo, príncipe heredero austriaco de niño, hacia 1868.

para su edad, independiente y despierto, con la alegría de una madre que sólo desea al hijo tal como es. Desde que tiene su confianza, Rodolfo la visita con frecuencia y agrado. Un lazo de tierno afecto une a madre e hijo. Frente a otras madres, Isabel tiene la ventaja de que nunca pretende ser la autoridad. En este aspecto es igual a su padre, que había sido para sus hijos un ejemplo, no un superior. Aconseja a su hijo cuando éste le pide consejos, nunca lo juzga y acostumbra a Rodolfo a que cuente secretos a su madre. Hace gala de un delicado tacto en relación con todas las dudas, alegrías y secretos de su hijo. Rodolfo no es ante ella, como ante su padre, un muchacho tímido, sino un joven gentilhombre con la venturosa confianza que puede haber entre un hermano y una hermana. También vemos esta imagen cuando la hermosa madre de cuarenta años y el hijo de veinte pasean o cabalgan juntos.

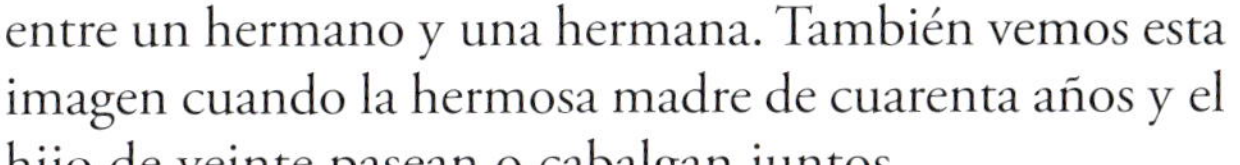

Rodolfo, en el año 1877, con su firma.

Rodolfo es bien querido en todas partes. Cosecha simpatía en sus visitas a las casas reales, es más mundano que su padre a la misma edad, es un príncipe heredero elegante que sabe dulcificar la dignidad con el innato escepticismo de su espíritu. Según un observador de la Corte, en ningún lugar es tan “tiernamente elegante” como con su madre. “Hay que verlo, cuando sostiene el estribo para la emperatriz. Ningún paje de la época galante fue tan dócil y tan cariñoso”. El hijo, que con veinte años resiste la mirada de cualquier mujer, se ruboriza cuando besa la mano de su madre. Le encanta elegir el perfume para el pañuelo de su madre. Es feliz cuando puede llevar los guantes de ella. Adora todo lo que le gusta a ella. Tiene las mismas inclinaciones. Pasa días y noches con Luis II, atraído por la efusiva simpatía del rey.

Huida de las presiones de la Corte

En el Año Nuevo de 1861 Isabel abandonó Viena y la Corte, por primera vez después de mucho tiempo. Estaba gravemente enferma, pero no del modo que decía el informe oficial. No era una enfermedad de los pulmones, ni lo que la Viena no oficial llamaba "el mal de la emperatriz", o sea la infidelidad matrimonial del emperador. Físicamente Isabel era muy resistente, porque en caso contrario no hubiera podido soportar su forma de vida. Comía poco, raramente comidas calientes, incluso en las mesas festivas sólo tomaba pan blanco, caldo de carne y fruta. Había llegado al mundo con setenta años de antelación. Su preocupación permanente de mantenerse delgada es algo habitual en nuestros días. Una sola cosa la apartaba de su estricta dieta: le encantaba el helado de frutas. No había comida sin helado. Aunque la cocina del emperador disponía de los mejores reposteros del mundo, ella se hacía traer el helado y las pastas del pastelero Demel. El libro de caja de la emperatriz desvela algunos pequeños secretos gastronómicos. Una única factura del pastelero recoge el importe de cien florines; a una pequeña tienda de artículos varios de Ischl se pagaron 37 florines y 54 centavos, pero Dios sabe qué manjares exquisitos Isabel puede haber descubierto allí. En otra ocasión se pagaron quinientos florines por cangrejos. En la Corte se decía que tanto helado había echado a perder antes de tiempo los dientes de la emperatriz. Durante

La emperatriz Isabel, fotografía de Hermann Holz, hacia 1860.

las estancias en Viena siempre estaba de visita el dentista. La emperatriz fumaba, a veces también cigarros. Se hacía pesar todos los días, hacía ejercicio, montaba a caballo, y tenía su masajista, el médico Metzger de Amsterdam, al que visitaba cada año. Como amazona no tenía límites. Es conocido el relato del Dr. Logues, director del seminario de Maynooth, en cuya casa un día apareció de pronto una mujer desconocida totalmente empapada en agua. La emperatriz había atravesado una laguna durante la caza del zorro. Le gustaban esas aventuras y, cuando estaba en Viena, siempre montaba a caballo, pero este ejercicio no hubiera sido posible con una salud deteriorada. Fue una enfermedad femenina lo que se presentó por primera vez en 1860, a la que luego se unieron síntomas de gota en las rodillas. Lo que la apartó de Viena en 1861 fueron los nervios. Cuatro meses en Madeira lo arreglaron todo, pero luego un mes en Viena lo volvió a estropear.

Una imagen de tiempos mejores: la joven emperatriz con rubíes, armiño y diadema, hacia 1855.

Isabel tiene veinticuatro años cuando se arranca la corona. Ya nada la puede retener; ni las súplicas del emperador, que al despertar de su sorpresa la sigue e intenta rehacer el nudo cortado; tampoco el despliegue de los parientes, a quienes rápidamente se ha pedido auxilio; tampoco la llamada a las obligaciones juradas, al trono y a la dignidad de la dinastía, ni la disposición a llegar a acuerdos. Isabel se ha reencontrado, en una noche se ha liberado de todas las ataduras.

¿Cómo fue posible soportar esta existencia durante ocho años? ¿Fue un sueño, un aturdimiento, una parálisis? ¿Cómo pudo durar tanto esta vida extraña? Y agradece a la oculta voz interior que emitió la llamada salvadora en el instante de mayor miseria. Piensa en la hora de la despedida en Possenhofen, entonces, cuando tuvo que llorar tan desconsoladamente ante el jardinero y su anciana mujer, ante los cazadores y el barquero. ¿No fue la misma voz, hace ocho años, la que la llamo a despedirse del lago, de las blancas montañas, de los días estivales, del viejo rey y de los príncipes de la Corte?
Isabel se ve como la hija descarriada, que tras una larga ausencia cargada de experiencias regresa a la tierra de su sangre, al paisaje y a las personas a las que pertenece. Han tenido que pasar muchas cosas hasta que, tras derribar uno tras otro los muros de niebla, puede por fin reencontrarse y sentirse segura. Mirando hacia atrás observa cuánto ha cambiado en esos ocho años. No puede borrar esa experiencia inimaginable que comenzó con una sorpresa, con los maravillosos días de verano en Ischl, que la elevó hasta las nubes para luego dejarla caer terriblemente en los abismos de un mundo oscuro nunca sospechado. No puede dar marcha atrás y volver a anudar el lazo de su vida en el sitio en que se desgarró.

IZQUIERDA: Johann Wilhelm Jankowski, *El palacio Miramare en Trieste*, construido por el Archiduque Maximiliano.

DERECHA: El yate Miramar de Isabel.

Vida de viajera, amor al mar

Los planes se condicionan por su deseo de querer vivir en el mar. Rechaza el ofrecimiento de elegir entre los palacios del emperador o hacer construir uno según su propio gusto. "Pensar en estar exiliada en un lugar puede transformar el paraíso en un infierno ... No hay que estar mucho tiempo en un mismo sitio. Sólo me agrada un lugar cuando sé que deberé abandonarlo pronto ... Quiero ir al mar. Estar cerca de la gente es un martirio ..." Solamente un yate puede hacer estos sueños realidad. No existen ejemplos de un hotel en el agua, tal como ella lo desea. Isabel sólo conoce uno, el barco de la reina Victoria. Según éste hace sus bosquejos.

Arriba izquierda: Isabel en la barandilla de su yate Miramar.

Arriba derecha: El yate de vapor de Isabel, con ruedas de paletas, a toda marcha.

Abajo izquierda: El salón del Miramar.

Abajo derecha: El camarote de la emperatriz.

Su vivienda en el agua debe ser sencilla y práctica. Sólo es inhabitual el cuarto de baño, un despilfarro de dimensiones, no pensado como un espacio de utilidad en el que no se está mucho tiempo, sino como un salón con espejos, flores, amplios divanes y almohadones.

En junio de 1861 Isabel viaja a Corfú y entonces comienza su nueva vida, la de una mujer solitaria que se mueve de un lugar a otro. Amaba la inquietud y sus nervios la arrastraban a los mares. "El mar me rejuvenece, me quita todo lo ajeno. Todo lo que sé lo he aprendido del mar". No tenía miedo en el mar. Mientras sus acompañantes sufrían el mareo, ella permanecía tranquilamente recostada en su sillón, por fuerte que fuera la tormenta. Siempre que podía, se bañaba en el mar. Su yate "Miramar", con el que recorrió medio mundo, tenía una disposición singular: sobre cubierta había un gran pabellón circular de acristalado, con vista hacia todas las direcciones. Cuando cada mañana se hacía peinar aquí, se bajaban los visillos de seda azul. El puente de mando, donde permanecía durante el día, estaba oculto con tela de velamen, de modo que la tripulación no podía ver a la emperatriz.

Isabel disfruta en sus silenciosos viajes por el mar de días de calma, de distensión y de bienestar. En el mar, tan libre como las olas sobre las que navega, libre en todas las decisiones, obedeciendo sólo a su propia alma, se aproxima a los sueños de su juventud. El mar se convierte en el lago de su patria, igual que había dado

Liberty

¡Sí, quiero construirme un barco!
Nunca veréis nada más bello
Sobre la extensa y alta mar,
"Libertad" ondeará del mástil,
"Libertad" se leerá en la proa,
Navega embriagado de libertad.

"¡Libertad!" en letras doradas,
Ondea con orgullo en todo tiempo
Del fino árbol del mástil,
Libertad, es lo que respiro,
Libertad, grita el susurro de las olas,
¡Libertad! Así no eres un sueño.

Buscad entonces el telégrafo,
Para llamarme al palacio-cárcel
A una fiesta de la Corte.
Pescad en lo claro, pescad en lo revuelto,
Atrapad a la gaviota a vuestro gusto.
¡Hurra! Somos pájaros libres,

Desde las puntas de los dedos
Os envío, queridas cosas
Que tanto me habéis atormentado
Un beso y mi bendición
No os ocupéis más de mí.
¡Soy libre en alta mar!

Poema de Isabel, de los *Winterlieder* (Canciones de invierno)

Georg Raab, *Isabel en su traje de coronación*, 1867.

vida a aquel lago en sus fantasías convirtiéndolo en un mar extenso. Hay alguien que la comprende, su primo Luis, el hermoso jovenzuelo con ojos de cuento de hadas. Fue en su último encuentro en Múnich cuando el joven de dieciocho años, siempre tímido e introvertido, se abrió a ella. Entre los libros y notas del padre de ella había encontrado "*La obra de arte del futuro*", un escrito de su dios Ricardo Wagner.

Isabel vive como una mujer divorciada que mantiene buenas relaciones con su marido. Puede decidir libremente, pero respeta los deseos del emperador de mantener íntegra la apariencia del matrimonio ante el mundo y en las escasas ocasiones de los actos de representación. Se reúne con Francisco José en Kissingen y en la Riviera, viaja a Viena y visita a los hijos, es una huésped en su propia casa. Nada cambia en esta vida durante cuatro años: Isabel navega por el Mediterráneo, visita París donde pasa varias semanas sola o con su hermana Elena sin ser reconocida, descubre toda Europa occidental y la costa norte de África. Repetidamente viaja a Múnich y a su verdadero hogar en el lago de Starnberg. En la lejanía, la indiferente Isabel sólo tiene un conocimiento incompleto de todo lo que se acumula sobre la mesa de trabajo de Francisco José.

Mi muy amado ángel-Sisí ... Soy incapaz de decirte cuánto te añoro y cuánto temo por ti. Me desespera la terrible forma de vida a la que te has acostumbrado y que deberá destruir del todo tu cara salud. Te lo suplico, deja ya esa vida y duerme por las noches, que la naturaleza ha hecho para dormir, y no para leer y escribir. Y no montes tanto a caballo y tan intensamente ...

Carta de Francisco José a Isabel del 8 de julio de 1859.

Isabel con el traje de coronación húngaro, 1867.

La coronación en Hungría

Durante casi cinco años, salvo una breve interrupción, Isabel evitó Viena. Un intento de reconciliación del emperador fracasó. Recién iniciado el año 1866, se reúnen otra vez los cónyuges. Los días de la coronación en Budapest en el verano de 1867 son el gran triunfo de Isabel. Pese a su habitual desafección por los festejos, aquí acepta el caballeresco homenaje de la nobleza húngara, ya que son los últimos días del esplendor real.

En las antiguas costumbres húngaras no existía la coronación conjunta, el deseo de los notables de que la reina estuviera al lado de Francisco José suprime esa tradición. Isabel, en la carroza de coronación, de cristal y ricamente adornada con oro, tirada por ocho

caballos blancos, es el centro del magnífico espectáculo. Siguen a la carroza, sobre los mejores corceles, los jóvenes nobles del país, con sus vestidos adornados con pieles y cubiertos de piedras preciosas. La coronación en la iglesia de San Matías alcanza su punto culminante cuando el conde Andrássy[4] coloca la corona de San Esteban sobre la cabeza del rey. Isabel, "más bella que nunca", tiembla al recibir la corona. La envuelve un huracán de vítores: "*¡Éljen Erzsébet!*[5]". El tumulto de voces en la calle es tan estruendoso, que los caballos se espantan. Dos obispos caen al suelo.

El arreglo de Francisco José con Hungría es el comienzo de la europeización de Austria. La batalla de Königgrätz obligó al emperador a hacer las paces con Hungría y esto encaminó a Austria hacia un ordenamiento

Eduard Engerth, *La ceremonia de coronación en Budapest*, hacia 1867.

GÖDÖLLŐ
25
11
Express

PÁGINA IZQUIERDA

ARRIBA IZQUIERDA: El conde Gyula Andrássy • ARRIBA DERECHA: La Emperatriz Isabel de Austria, entusiasta amazona, a caballo. Detalle de un cuadro de Hans Haag, 1873 • CENTRO: Carta exprés manuscrita de Sisí desde Gödöllő para su esposo el emperador Francisco José, 1867 • ABAJO: El palacio de Gödöllő fue un regalo del pueblo de Hungría a la pareja imperial con ocasión de la coronación de Francisco José como Rey de Hungría. Pronto se convirtió en un lugar preferido de residencia y de recogimiento de Isabel.

La hija menor de los emperadores, la archiduquesa María Valeria, con la sobrina predilecta de Isabel, la baronesa Marie Wallersee (desde 1877, condesa Larisch).

constitucional. Francisco José adquiere confianza. Las noticias de Andrássy desde Hungría y el sensato gobierno de Beust le hacen sentirse seguro. Después de siete años sombríos parece que los nubarrones se aclaran.

Diez años después del nacimiento de Rodolfo, Isabel regala a su esposo otro descendiente, la hija María Valeria, que llega al mundo en abril de 1868. Francisco José tiene treinta y ocho años y Isabel cumple los treinta. Ya nadie le podrá arrancar esta criatura. Sin preguntar, la hace suya. Isabel vive una pequeña felicidad de madre junto a la cuna de esta niña tan achacosa.

AMIGOS Y ENEMIGOS EN LAS REDES DE LA CORTE

"La Corte imperial", cuenta el escritor húngaro Mauro Jókai, "residía entonces en Buda. Entregué a la reina un ejemplar de mi libro. Hablamos largo y tendido sobre Hungría. Cuando me iba a retirar, dijo: 'Espere un instante, quiero mostrarle a mi hija.' Abrió una puerta lateral e hizo un ademán para que entrara la niñera con la niña. La reina tomó a la pequeña en brazos y la abrazó". En esa época corrieron rumores sobre ella que pretendían dañar la reputación de la emperatriz. Gran parte de la culpa la tuvo el conde Grünne[6], para quien la naturaleza pura de Isabel siempre fue un enigma. Se cuenta el siguiente episodio: Algunos años después de dimitir de su cargo, Grünne padeció una enfermedad grave. Cuando creía que pronto iba a morir, sintió la necesidad de ver una vez más a la emperatriz y reparar su actitud injusta. Isabel, informada de su deseo, lo visitó en su habitación de enfermo y el conde Grünne le pidió perdón por todo el mal que le había hecho. La hija del enfermo, la condesa Széchenyi, agradeció a la emperatriz de forma tan entrañable, que costó impedirle que se arrojara los pies de Isabel.

El todopoderoso ayudante general del emperador y sus seguidores habían contribuido mucho a que la emperatriz no tuviera ni un sólo amigo en toda la Corte. Sólo tuvo siempre a su lado a una persona durante décadas: Fanny Angerer, la peluquera. Al principio la muchacha vienesa había venido para trenzar el hermoso cabello que la emperatriz llevaba en trenzas, como si fuera una corona. Poco a poco, Fanny Angerer se convirtió en la confidente íntima de la solitaria princesa. La emperatriz necesitaba a alguien a quien pudiera confiar las pequeñas

Franz Xaver Winterhalter, *La emperatriz Isabel*, hacia 1864.

preocupaciones y los secretos ocultos. Esta relación con la peluquera es común para muchas mujeres, la persona que conoce los secretos del cuerpo se convierte en el padre confesor. Con la peluquera, Isabel estaba segura de que nada llegaría a oídos del espionaje interno. Porque ya entonces la emperatriz estaba vigilada por un pequeño ejército de policías secretos y no sólo para su seguridad. En el archivo de la antigua Cancillería del Gabinete existe todo un legajo de documentos de los años 1867 a 1870, de los que se desprende que la Jefatura Superior de la Corte era informada por vías secretas sobre cada paso que daba Isabel. Los agentes de la policía de Viena L. Erz, L. Huber y el Dr. Zeichner aportan la mayor parte de los informes de este legajo. Informan que la emperatriz sólo se confía a Fanny Angerer, con quién se relaciona la Angerer, a quién visita, el tiempo que está con la emperatriz. “En la boda de la Angerer con Hugo Feifalik, nombrado secretario, se presentó en la iglesia un lacayo de la Corte para decir a los nuevos cónyuges que la emperatriz los esperaba. Isabel abrazó a la joven esposa y la besó en la mejilla.” “No es sorprendente”, escribe otro agente secreto en otro lugar, “que la Angerer sea muy pretenciosa y se sienta superior a todos los funcionarios de palacio. No se guarda información no destinada a ser pública y escribe a su familia desde Roma comunicaciones de las que se infieren grandes cambios en las relaciones recíprocas entre Roma y Viena”. Estos informes de la policía secreta,

El conde Karl Ludwig von Grünne, ayudante del mariscal de campo en el ejército austriaco, fotografía de Ludwig Angerer, hacia 1870.

inmediatamente transmitidos a la Jefatura Superior de la Corte, demuestran varias cosas: la emperatriz también era vigilada durante sus viajes, se abría secretamente el correo de sus personas de confianza, es decir, que todavía en los años setenta subsistía el arte del "gabinete negro" de Viena. Pero ya no se ejercitaba contra los súbditos, sino contra la emperatriz.

Particularidades de Isabel

También el servicio doméstico de la emperatriz estaba sometido a un control meticuloso. El secretario áulico Kokula, encargado de mantener equilibrado el presupuesto de Isabel, no siempre tenía una tarea fácil, porque la emperatriz con frecuencia gastaba más de lo que el presupuesto permitía. Desde que la emperatriz viajaba, llevaba recibiendo cada mes cuarenta y seis mil florines. Para sus pequeños gastos personales recibía además doscientos mil florines, cantidad que se pagaba en mensualidades. También se le pagaba la asignación *Spennadelgeld* de mil florines. Aunque la emperatriz vestía de forma sencilla (le encantaban los trajes a la inglesa, las faldas estrechas que dejaban libres los pies, las blusas y los zapatos ingleses) sus facturas de las tiendas de moda eran considerables. La excitación de comprar la atraía más que la propia mercancía.

La emperatriz se recluye en su ámbito más privado. Se convierte en una fanática en todo lo relativo

Manuscrito de Isabel.

Nordsee Lieder.

Widmung

O, hätt' ich so viel Lieder
Als Wellen Du mein Meer,
Ich schrieb' sie alle nieder,
Und brächte sie dir her.
Mein ganzes Fühlen, Denken,
Ja all mein inn'res Sein,
In dich möcht' ich's versenken,
Du mein krystallner Schrein.
Du meine Augenweide,
Du meines Herzens Glück,
Früh meine erste Freude,
Und Nachts mein letzter Blick!

a sus propios gustos, sobre todo en una fanática del cuerpo. Refuerza con invencible obstinación las preferencias de la naturaleza. Desde su infancia le gustan los caballos, pero la fanática intensificación de esta pasión expresa una confesión, como si quisiera decir: "Prefiero estar cerca de los caballos que cerca de la Corte". Y está orgullosa de practicar la equitación en sus formas más peligrosas. Nadie se atreve a cuestionar estos gustos, tan opuestos a los juicios corrientes como sus convicciones espirituales. Mantiene estas predilecciones a pesar de las dudas de Francisco José, de las advertencias de los médicos, a pesar de la sorpresa y las manifestaciones de incredulidad de la Corte. Galopar le da la sensación de máxima actividad pero estando totalmente sola. Tan sólo el sufrimiento corporal obliga a Isabel a no montar. En todas las demás cosas que atañen al gusto, es una fanática. Adelantándose mucho a los médicos, odia los vicios de la alimentación tradicional; odia los placeres de la mesa y a los glotones; evita las comidas conjuntas, con la obligación convencional de aceptar alguna recomendación de los cocineros. Su cuerpo es para ella más importante que el ceremonial apetito. En esto, hace gala de la buena terquedad de los modernos "apóstoles" de la nutrición.

La emperatriz Isabel, hacia 1868.

A Isabel le gusta la leche y se permite el lujo de llevar en sus viajes vacas cuya leche le parece especialmente buena. En el libro de caja del consejero áulico Kokula encontramos muchas liquidaciones como la de dos vacas compradas en Aix-les-Bains, traídas a Viena por la emperatriz, en la que se pide al "Ministerio de Asuntos Exteriores y a la Casa Imperial 1.473,53 francos = 707,57 florines". Lo que más teme Isabel es perder la elasticidad de su cuerpo y su peso mínimo. Lucha con la máxima tenacidad contra todo indicio de que está engordando. Montar a caballo durante horas, largos paseos, gimnasia, baños fríos, con estos duros ejercicios desarrolla una gran energía. Es el último bastión de su carácter, que defiende heroicamente. Aunque por su propia naturaleza el emperador también tiende a ser espartano, le sorprende esta característica de Isabel. Mueve la cabeza en un gesto de incredulidad, ante el filete de carne medio cruda y la naranja que la emperatriz se hace servir en su habitación como comida principal, se horroriza por la botella de sangre de buey que a veces bebe Isabel

El retrato de la emperatriz pintado por Anton Romako irradia franca excentricidad y erotismo. Esta obra de 1883 fue acogida con opiniones muy divididas: nunca antes se había dedicado un homenaje tan abiertamente sensual a una emperatriz.

en lugar de cualquier otro alimento. La baronesa María von Redwitz, dama de la princesa Amalia, que con frecuencia estaba invitada en la Corte, dijo una vez con gran sinceridad que le parecía comprensible que la emperatriz, de gran espiritualidad, no soportase "la atmósfera banal de las comidas con gente", y que prefiriese comer sola en su habitación.

La gente construyó la imagen de la "emperatriz excéntrica" a partir de estas pequeñas particularidades, caprichos de los nervios y de los gustos. Ella misma sabía que no era el retrato que los ciudadanos del país tenían de una "madre de la patria". "La gente no sabe qué hacer conmigo", decía. "No encajo en sus conceptos y no les gusta que sea diferente. Yo tampoco me pongo en el aprieto de estar con ellos. De todos modos, piensan que es mejor para ellos mantenerse en lo acostumbrado." Se le reprochaban muchas cosas, también el pequeño muchacho negro que le había cedido el Jedive de Egipto. La emperatriz trataba al pequeño sirviente, procedente del pabellón de El Cairo en la Exposición Mundial de Viena, como si fuera su propio hijo, lo cuidaba cuando estaba enfermo y lo dejaba jugar con su hija Valeria. Existe una fotografía en la que se ve a Valeria con el muchacho negro. Esta foto fue la respuesta de Isabel a la crítica de los cortesanos de que era indecoroso que la hija de los emperadores tuviera a un chico negro como compañero de juegos. En estas cosas, Francisco José era más delicado que la sociedad aristocrática. Aunque la mujer más próxima se había apartado de él, satisfacía todos los deseos de Isabel que no perturbaran el orden de su vida. Le era fácil hacerlo, ya que la emperatriz era un ser pasivo, siempre dispuesta a abandonar el marco de la convivencia, siempre

He reducido a cinco millones el presupuesto de la Corte para el año próximo, por lo que habrá que ahorrar dos millones. Hay que vender casi la mitad de los caballos y debemos vivir economizando mucho ...

Tu triste hombrecillo.

Francisco José a Isabel del 19 de agosto de 1866

Franz Schrotzberg, *La emperatriz Isabel de Austria de joven*, 1860.

atenta a que su círculo vital no interfiera con el de Francisco José. Nunca sintió anhelos de poder y no le importaba nada la magnificencia de la Corte. En la Corte de Viena no se vivieron escenas dramáticas, porque Isabel se apartaba de cualquier conflicto, simplemente huía.

Antiguamente, no le había sido suficiente practicar la caza del zorro en Hungría, puso a prueba sus ambiciones en los terrenos clásicos de esta modalidad de caza, en Inglaterra y en Irlanda.

Invitada permanente en Meath, Cheshire y Northhamptonshire, había cazado con los perros *Pytchley Hounds* del maestro conde Spencer. Durante los años de esta pasión su terreno de caza fue Cottesbrook Park y más tarde la residencia rural del conde Combermere. "Cuando los perros echaban a correr", escribe H. O. Nethercote, un maestro de la caza a caballo, "ninguna valla era demasiado alta para ella, nos costaba mantener su ritmo." Cada día montaba tres caballos. Isabel llama a estos años su época heroica. En sus solitarios viajes por el mar recuerda las imágenes de aquellos días. La extensa llanura de Meath, que se desde el castillo de Cabra en Louth hasta Wordslands, la mansión de lord Annaly, y continúa hasta la costa, era "su pradera". La acompañaban en las cacerías el conde Spencer, el capitán Trotter, lord Randolph Churchill, lord Killen, el general Fraser y los señores Plunkett, Boscawen y Henry Bourke. "Esas semanas únicas, ese tiempo de desconexión de todo lo pesado, se las debo agradecer al señor Reynell", dice la emperatriz. Se trata de Samuel Reynell de Archerstown, que en su día había sembrado Meath con retama. En las imágenes de aquellos días se ve a la delgadísima amazona Isabel con el "talle de avispa", ese traje muy ajustado del que las mujeres dicen que está cosido sobre el cuerpo desnudo.

No se puede ser más caballeroso que Francisco José como esposo. No hay deseo que no cumpla, es el atento caballero y el más entrañable mecenas. Esta palabra adquiere aquí su verdadero sentido, ya que Isabel también pertenece al reino de los sueños porque no conoce el valor real de las cosas. Comparte este atributo con su primo Luis. El rey no pregunta cuánto cuesta convertir sus sueños en realidades, no llega a sus oídos el sonido fatal del dinero, sólo los permanentes lamentos de su ministro de finanzas. Francisco José nunca ha negado ningún deseo de Isabel. Como cuestión de orden, se pagaba lo que Isabel requería. Pero no hubo ningún año en el que no se superaran con mucho las sumas presupuestadas. Francisco José también pensó en las prestaciones de viudedad. Según los pactos matrimoniales del año 1854, se prevén para la viuda cien mil florines, pero en 1875 el emperador triplica esta cantidad. La providencia que llevó a Isabel al trono de los Habsburgo no fue feliz, pero la bordura de su penoso escudo es de oro. Tampoco aquí la riqueza compensa la melancolía, sólo protege de las adversidades.

Franz Schrotzberg, *La emperatriz Isabel con vestido de encaje, collar de perlas y diadema*, hacia 1854.

En el año 1879 Isabel debe hacer un nuevo sacrificio a los imperativos de las convenciones: se están preparando en Austria-Hungría los festejos de las bodas de plata de la pareja imperial. Isabel ruega al emperador que en nombre de ambos pida que no se realicen festejos, pero en Viena los preparativos ya están demasiado avanzados y no se puede renunciar a todos los actos públicos sin desengañar a la población. En el lugar del antiguo Baluarte de los Escoceses, donde el oficial de sastre Libényi había atentado contra el emperador, se levanta una gran iglesia gótica, la Iglesia votiva, construida con donativos. La ceremonia de su inauguración deberá coincidir con las bodas de plata. El 24 de abril, día de la boda, Isabel y Francisco José están ante el altar de la nueva iglesia. La fiesta religiosa va seguida de una larga serie de ceremonias. El paseo por las calles abarrotadas de gente, los homenajes, la misa mayor, el largo cortejo de felicitaciones, la presentación festiva, los fuegos de artificio; aunque en todo esto Isabel sólo es un personaje central pasivo, lo siente como un gran tormento. El punto culminante de los festejos es el histórico desfile, diseñado por Hans Makart y en el que participa personalmente entre las más bellas mujeres de Viena, la nobleza y los burgueses acaudalados. Con este pomposo homenaje la Ciudad Residencia expone su

La familia imperial austriaca: la emperatriz Isabel con sus hijas Gisela y María Valeria, detrás de ellas, de pie, el emperador Francisco José y Leopoldo, príncipe de Baviera; a la derecha el archiduque Rodolfo y la archiduquesa Estefanía.

reconciliación con Francisco José. Opuesta hace treinta y uno años, secretamente rebelde, Viena, igual que Isabel, ha hecho las paces con Francisco José. El festejo de las bodas de plata en la Iglesia votiva refuerza el matrimonio de acostumbramiento de Isabel, y el desfile de homenaje refuerza el matrimonio burgués de sentido común que une a Viena con el régimen de Francisco José.

Hans Makart, *Desfile en honor del emperador Francisco José y de la emperatriz Isabel con motivo de sus bodas de plata el 27 de abril de 1879.*

Heine y Schopenhauer en la solitaria Hermesvilla

La sensibilidad de Isabel era un don de la naturaleza. No termina de expresar realmente todo lo que deja decir a su lector y acompañante el doctor Christomanos. A pesar de su posición de observación cercana, el literato griego influido por lo vienés veía muchos elementos literarios en la emperatriz, tales como los anhelos románticos, pero que sólo eran el malestar de un ánima noble ante un mundo innoble. Se ha hablado mucho de la predilección de Isabel por Heine, sin decir que al que amaba era el Heine de las jovencitas, no el preferido por los intelectuales liberales. La emperatriz era sentimental. Si su esencia hubiera sido activa, habría debido ser rebelde. Cuando se siente repugnancia pasivamente, sólo es posible huir. Como rentista y genio el sentir repugnancia conduce a un Schopenhauer, como emperatriz se tiene el tiempo libre

Moritz Daniel Oppenheim, *Heinrich Heine*, el poeta preferido de Sisí, 1831.

Página izquierda

Arriba izquierda: La Iglesia votiva, construida con donativos después del atentado contra el joven Emperador Francisco José "en agradecimiento por la salvación de Su Majestad". Postal, hacia 1900.

Arriba derecha: La pareja imperial en sus bodas de plata, en 1879.

Abajo: Cesare Dell'Acqua, *La llegada de Isabel al palacio Miramare en Trieste*, 1863.

para buscar la soledad. Leía a Schopenhauer y, al parecer, tradujo al griego moderno algunos capítulos de "Parerga y Paralipomena". En la Hermesvilla, la mansión escondida en el zoológico de Lainz, se encontró en la alcoba de la emperatriz un retrato del filósofo. Esta casa, aún hoy oculta en medio del antiguo zoológico imperial, era la isla que Isabel se construyó en su existencia vienesa. Rodeada de extensos bosques, era imposible encontrarla. Comparada con los palacios de caza de los Habsburgo, su estilo e instalaciones son de mal gusto, se parece más a un hospital que a un palacio imperial, pero no se construyó según planos de Isabel. Igual que para muchas cosas de su entorno, ella tampoco es la responsable de esta construcción. Pero tampoco Francisco José poseía el sentido de la belleza para las construcciones y la vivienda. Su indiferencia tampoco conocía este puente hacia la realidad. En esto era un Lorena, no un Habsburgo. La época del emperador Francisco, su tío abuelo, todavía había encontrado un estilo para la sobriedad de la Casa de Lorena. Francisco José dejó las construcciones en manos de los arquitectos. Con la Hermesvilla, la falta de buen gusto de los años setenta se erigió en monumento. Está plagada de estantes y consolas, de jarrones de bronce y de esos feos muebles de estilo Makart, que más que un estilo sólo es un capricho de la reciente clase de nuevos ricos de la Bolsa. La mansión no tiene las ventajas de un palacio, sólo sus inconvenientes: es inhabitable. También en verano es muy fría, cuando ya el sol desaparece tras las alturas con árboles. Del boscoso llano surge la niebla, casi nadie se

A Heinrich Heine

Desde que estuve ante su tumba,
los rescoldos me consumen;
Añoro ese modesto montículo,
¡pero no me ha concedido nada!

Siento que debería encontrar algo,
sólo una florecilla, no, un hueso no,
¡sería demasiada suerte!
Sólo una cosita, una piedrecilla.

Pero ninguna flor adorna el montículo
y la seca hierba no esconde ninguna
pequeña piedra.
Sólo la engalana el dorado sol
y la luz de las estrellas y de la luna.

Versos de Isabel

IZQUIERDA: Hermann Nigg, *Isabel con su abanico, que debía protegerla de miradas indiscretas*, 1882.

DERECHA: La Hermesvilla, en el parque de animales de Lainz.

pierde hasta aquí. Los venados del parque llegan hasta la casa.

Aquí vivía Isabel cuando estaba de huésped en Austria, hasta el día en que murió el príncipe heredero Rodolfo. Luego desapareció totalmente de las miradas de su reino.

Durante los veintiocho años que transcurrieron desde su boda con Francisco José, Isabel pasó más de la mitad del tiempo fuera de Austria. Es la emperatriz en los retratos de los salones de la burguesía y en las reproducciones de óleos en las estancias campesinas, pero en realidad nunca lo fue. No era de las personas que llevan un diario, enamoradas de su propia vida, y de tiempo en tiempo miran al pasado. Si repasase aquellos años, no encontraría ninguno que pudiera rememorar con alegría. Los hermosos días del noviazgo fueron breves; y el despertar, una desilusión.

Estos relieves en mármol, estas alfombras suntuosas, chimeneas en bronce, los incontables ángeles y amorcillos, tallas en todas las esquinas y extremos, este estilo rococó tan artificial. Desearía que estuviéramos de nuevo en casa.

Entrada del diario de la hija María Valeria sobre la Villa Hermés, 1884.

Siendo aún joven, Isabel huyó de una vida llena de resignación. Desde el día aciago que le robó a su hijo, la existencia se convirtió en un tormento para la emperatriz de cincuenta y un años.

Es el miércoles 30 de enero de 1889. "A las diez horas y ocho minutos según el reloj del palacio", escribe el conde Hoyos al emperador, "tras dejar mi fiacre en la Josephsplatz, crucé el patio Schweizerhof y subí por la llamada escalera de la cocina a la vivienda del Oficial Mayor del príncipe heredero, el Vicealmirante conde Carl Bombelles. Allí lo encontré y le di la espantosa noticia. Fuimos al Oficial Mayor de la Emperatriz, el Barón Nopcsa, y junto con él al Ayudante General conde Leopold Paar. Se decidió que el terrible e inesperado infortunio ... fuera comunicado en primer lugar a Su Majestad la Emperatriz. Se hizo cargo de ello la Señorita von Ferenczy ..." Ida von Ferenczy, persona de confianza de la emperatriz desde hacía veinticinco años, tuvo la serenidad necesaria para llevar a su señora la noticia que Hoyos había traído de Mayerling. Esperaron quince minutos, un tiempo interminable, hasta que la señorita von Ferenczy regresó de los aposentos de la emperatriz. Flota una pregunta muda: ¿la emperatriz llevará la terrible noticia al emperador? Ha pasado una hora desde la llegada del conde Hoyos. Francisco José celebra audiencias en su habitación de trabajo, el estrecho gabinete de color rojo oscuro con vista al patio interior del palacio. El conde Hoyos, el barón Nopcsa, el conde Paar

El príncipe heredero Rodolfo, hacia 1885.

y el conde Bombelles esperan. La señorita von Ferenczy está otra vez con la emperatriz. Un sirviente transmite al conde Paar el deseo de la emperatriz de que se interrumpan las audiencias. El ayudante general estaba esperando esta orden para detener el orden del día. Se abren las puertas y todos los que están esperando se inclinan abatidos por la magnitud del dolor. En ese instante ven a la emperatriz, sola, entrar a paso rápido en la habitación de Francisco José.

Tras la blanca puerta doble que separa la habitación del emperador de la antesala, se desploma repentinamente todo lo que han construido muchas generaciones de la dinastía: dos desgraciados, padre y madre, están perplejos ante la inclemente violencia del fulminante destino.

La baronesa Mary Vetsera (1871–1889), la amante de Rodolfo. Murió junto con el príncipe heredero.

De la noche de las tumbas surge la imagen del hijo. Con horrible claridad aparecen uno tras otro los años de su vida: la infancia, el brusco florecer de un niño muy dotado, su buena voluntad de aprovechar las dotes de su espíritu, su sed de querer saber más de lo que se le daba, la temprana lucha, el estrechamiento forzado de su orgullo, la subordinación de su especial esencia a reglas que sólo estiman y comprenden las personas corrientes, la obligación de renunciar a conformar su vida según su propio gusto y voluntad ... Son horas de horror, cuando la sucesión de estas imágenes concluye con una realidad desoladora. La cabeza del hijo destrozada por una bala mira desde cada cuadro, surge como un fantasma en la oscuridad, aparece en los sueños. ¿Cómo podrá soportar Isabel este tormento? Sabe que en todo suicidio la culpa propia va acompañada de la culpa de los demás. No sabemos nada de esos últimos momentos, cuando el que está decidido a destruirse se atreve a dar el salto hacia la oscuridad desconocida. Sólo conocemos el martirio de los supervivientes que también se sienten culpables. El tormento permanente destruye la vida de Isabel. No hay ningún medio de la voluntad ni ningún medicamento de la farmacia del intelecto capaz de domar esta furia. Hasta a quien posea la entereza de los perseguidos, la imagen del muerto se le aparecerá cuando piense en su propia muerte. La familiaridad con el suicidio dura toda la vida. La carta de despedida de Rodolfo a Isabel comienza con las palabras: "Mi querida madre, ya no tengo derecho a vivir...". ¿Quién lo despojó de este

IZQUIERDA: El *Wiener Zeitung* informa primero, el 31 de enero de 1889, de que el príncipe heredero Rodolfo "ha fallecido por un repentino ataque cardíaco".

DERECHA: El príncipe heredero Rodolfo, en su lecho de muerte.

Wiener Zeitung.

Nr. 26. Donnerstag, den 31. Jänner 1889.

Amtlicher Theil.

Seine k. und k. Hoheit der durchlauchtigste Kronprinz Erzherzog Rudolph ist gestern, den 30. d. Mts., zwischen 7 und 8 Uhr früh in seinem Jagdschlosse in Meyerling bei Baden, am Herzschlag plötzlich verschieden.

El palacio de Mayerling, que Rodolfo compró en 1886 y reformó como palacio de caza, fue el escenario de los trágicos sucesos de 1889.

derecho? ¿Quién lo empujó a tener que negarse a sí mismo este derecho?

Mientras se prepara la celebración mortuoria, la emperatriz es una mujer paralizada por el dolor, por los reproches que se hace a sí misma y por las dudas. ¿Existe algún ser humano que sepa más que ella, se le reprocha algo, no lo dice todo la última carta de Rodolfo? ¿Cuánto sabe el conde Hoyos, el que trajo la noticia del lecho de muerte al palacio imperial? Él estaba allí, él era el confidente de Rodolfo. ¿Dijo la verdad al emperador? ¿Sabe más de lo que dice? Isabel quiere saberlo todo. Nada debe quedar oculto para ella. ¿Desde cuándo conocía Rodolfo a la baronesa?

El confidente del muerto responde: Ochenta y siete días. La conoció el 5 de noviembre de 1888. Estuvo con él cinco veces en el palacio. Bratfisch, el cochero,

Como envidio a Rodolfo por su muerte, que yo anhelo día y noche.

Isabel

la llevaba bajo el puente del Palais Albrecht, allí la esperaba Loschek, el portero, y la conducía al interior del palacio por la puerta de rejas. ¿Cómo salía de su casa la muchacha de dieciséis años?

Su amor le daba el valor. Ideaba las cosas más sorprendentes para escapar de casa. Una noche debía ir a la ópera con su familia. Había elegido ese día para una cita. Por la tarde se lavó el cabello tan tarde y durante tanto tiempo, que justo antes de la salida hacia la ópera aún estaba totalmente mojado. Se quedó en casa. Pero nada más oír el rodar del coche en el que iban la madre y la hermana, salió rápidamente de la casa de la Salesianergasse hacia la esquina con la Marokkanergasse, donde la esperaba el coche de Bratfisch.

Entierro del fallecido príncipe heredero del Imperio Austrohúngaro el 5 de febrero de 1889. Se puede ver el momento de la entrada del féretro en la iglesia de los Capuchinos.

Sobre esto sabe más la condesa Larisch ... Ciertas cartas de la baronesa confiesan que "fue el 15 de enero cuando ya se lo concedió todo al príncipe heredero". Según escriben el archiduque Otto y el príncipe Felipe Coburgo, el príncipe heredero habló en esos días de la baronesa y mostró una pitillera que ella le había regalado, que llevaba grabado en el interior de la tapa: "¡Gracias al feliz destino! 15 enero 1889. El confidente del muerto también escribe: La muerte en común de ambos estaba convenida.

El ala Amalientrakt, la parte del palacio Hofburg que ocupaba la emperatriz y su servidumbre, que con el gran ojo de su reloj mira hacia la Franzensplatz, está totalmente iluminada por las noches. Dicen que la emperatriz no duerme. Dos días después del entierro de Rodolfo en la Cripta de los Capuchinos, en el Mercado Nuevo, ante la puerta pequeña de los capuchinos, se detiene de noche un coche del que desciende una dama envuelta en un oscuro velo. Llama al portero y pide hablar con el Padre Guardián. Lo hacen venir. "Le ruego que me conduzca a la cripta ...". El sorprendido religioso, que intuye y se da cuenta de lo que sucede, hace iluminar la antesala de la cripta y conduce a la velada dama, por la semioscuridad y el silencio de las bóvedas, hasta la entrada de la cripta. Al llegar a la escalera, la dama despide al acompañante y desciende los escalones, dejando al monje en la antesala vacía. Transcurrida media hora, regresa de visitar al muerto, sube al coche y se marcha, sola, tal

María Valeria, la hija menor de Isabel, con su esposo el archiduque Francisco Salvador en el año 1890.

Isabel vestida de negro, de Leo-

IZQUIERDA: Estuche forrado en piel con tarjeta de visita adherida, en la que la emperatriz Isabel guardaba cartas, hacia 1890.

PÁGINA DERECHA: Leopold Horovitz, *Isabel vestida de negro*, 1898.

como había venido. Isabel ya no abandona sus habitaciones. Se encierra a sí misma frente a los demás. Sólo abre la puerta a su hija Valeria. Se teme que este encierro en el dolor conduzca a un total colapso nervioso. Las miradas de la gente durante el cortejo fúnebre buscaron en vano a la emperatriz y ahora se susurra que esta mujer tan maltratada por las penalidades estaba enloqueciendo. Ningún médico intuye su enfermedad, su incipiente dolencia cardiaca.

Durante los peores días estuvo junto al emperador y las palabras que éste dijo a Paar poco después de la muerte de Rodolfo confirman que lo ayudó mucho: "Si no hubiera tenido a mi esposa, me habría derrumbado". Parecía más fuerte de lo que era, porque sabía resistir en silencio el sufrimiento. El dolor no salía de la isla de su soledad interna. Todavía sigue cerca de su hija menor, que en la víspera de las navidades del año fatídico, se promete con el archiduque Francisco Salvador de Toscana y viaja con ella a Wiesbaden y Heidelberg. El tren descarrila cerca de Fráncfort, hay muertos y heridos. Entre los tres vagones intactos está el coche salón de la emperatriz.

En Viena he vivido las catástrofes más tristes: revoluciones, expediciones militares desdichadas, provincias perdidas, devastaciones ocasionadas por el agua y el fuego, nada de todo ello comparable con este terrible 30 de enero.

Eduard Hanslick en sus memorias

Isabel pasa el otoño del año aciago en Corfú y en Túnez. Regresa a Viena el 4 de noviembre de 1889.

Sobrevalora el efecto que espera del cambio de escenarios. Ni los viajes permanentes ni el incesante cambio del entorno consiguen sanar los nervios. Las sombras la siguen por más que corra. La acompañan sobre el mar, no desaparecen bajo el sol africano y entran con Isabel en la Hofburg. Es un reencuentro tenebroso, con tristes días navideños.

Elena, la hermana de Isabel, de joven.

Isabel prohíbe toda felicitación o los deseos de feliz año nuevo. Como si quisiera concluir con la existencia de antaño, reparte joyas, vestidos, abanicos y pieles a sus hijas y a sus damas cortesanas. A partir de ahora, sólo llevará el color negro. "Hay un día en la vida de cada persona", dice Isabel, "en el que su alma muere, se sigue viviendo, pero sólo vive el cuerpo. Ya no se siente ningún alegría, pero tampoco ningún dolor".

Con el nuevo año, llaman a Isabel a Ratisbona. Su hermana mayor, Elena, de cincuenta y seis años, viuda del príncipe heredero de Thurn y Taxis, ha enfermado. Pide ver a Isabel. Las hermanas están unidas por algo más que su relación natural: entre ellas, cuyo sitio permutó el destino, existe una especie de solidaridad en cuanto al desprecio de todo lo terrenal. Elena, una de las mujeres más ricas de Europa, no había prestado especial importancia al gran refinamiento de las posesiones de los Thurn y Taxis, con sus palacios y jardines, ni a la forma de vida principesca. Isabel llega al lecho de su hermana Elena, que muere en sus brazos.

El palacio Achilleion en Corfú

Isabel permanece un breve tiempo con su madre. Luego ya sólo viene a Viena ocasionalmente, como huésped. Parece como si hubiera encontrado una patria, ya que decide construir un palacio en la isla de Corfú, a siete quilómetros al sur de la ciudad, sobre la cima del Gastouri. Durante sus viajes por el mar, se sintió constantemente atraída por esta tierra de pueblos antiguos, la Scheria de Homero. Ahora ya había recorrido todo el mundo: Suiza, Francia, Italia y Grecia, desde el Mediterráneo había llegado a África y a las Azores.

Página derecha

Arriba: Vista del Achilleion hacia la ciudad de Corfú (Kérkyra).

Abajo izquierda: Escalinata interior del Achilleion.

Abajo derecha: El portal del jardín del Achilleion.

IZQUIERDA: Fachada principal.
DERECHA: El templo de Heine.

Pero esta estrecha isla en forma de hoz, cuya más antigua historia va desde las birremes ilíricas hasta el Jersícrates de los heraclidas, era el único lugar entre muchos que actuaba como una generosa droga sobre los nervios y el cerebro de esta sufriente mujer. Aquí la conciencia se liberaba de las cadenas de los recuerdos. La emperatriz pensaba que aquí podría olvidar. Y como creía estar segura de ello, Isabel, fugitiva de la existencia, construyó aquí su morada, como si quisiera vivir eternamente.

El palacio se construye perforando el monte, junto a la carretera que pasa por la costa y que une Corfú con el poblado de Gastouri, en Benizze. La parte frontal del edificio tiene tres plantas y la parte trasera, sólo una planta. Desde aquí se pasa a una amplia terraza ajardinada con árboles antiquísimos. Un blanco muro del jardín, bajo las copas de los olivos, es la frontera exterior del palacio y del parque. Un ancho portón de rejas de hierro cierra el acceso desde la carretera. Desde aquí

ARRIBA: Sala de columnas.

ABAJO IZQUIERDA: Isabel, la emperatriz poetisa, ante el Achilleion (ilustración de un periódico).

ABAJO DERECHA: *El Aquiles moribundo* en el jardín de Achilleion.

sube una rampa hacia la antesala exterior del edificio, cuyas fuertes columnas sostienen la ancha galería. Las plantas segunda y tercera están retranqueadas, de modo que a ambos lados de la galería existen dos logias. En el lado más largo, el que está orientado hacia el interior de la isla, también hay una galería. Desde aquí se ven Gastouri y Aji-Deba, una pintoresca aldea pegada a la montaña. A través de la antesala de columnas se entra en el atrio abierto, que recuerda al pórtico del Parlamento de Viena: un espacio alto y frío soportado por columnas corintias. Rojas alfombras en los suelos y tapices en las paredes atenúan la frialdad del liso mármol. Los altos espejos, poco corrientes en esta región, multiplican el espacio. A ambos lados de la escalinata de subida hay enormes jarrones de bronce y porcelana con palmeras de abanico cuyas palmas llegan hasta el techo. Esta sala tiene puertas que conducen a las estancias del palacio, al comedor, a la sala de juegos y a los

Friedrich August von Kaulbach, *Isabel en Corfú*, después de 1898.

apartamentos de la emperatriz. En un pequeño cuarto, a la derecha de la entrada del atrio, se ha instalado la capilla. Sobre el altar se lee "Notre Dame de la garde", la patrona de los marinos marselleses. "Yo misma la traje de Marsella", dice la emperatriz, "es la protectora de todos los navegantes". La escalera de mármol que une la rampa del jardín inferior con la terraza ajardinada superior está adornada con estatuas de Venus, Artemisa y hermosos jóvenes. Las columnas que soportan el tejado están coloreadas de rojo bermellón y sus capiteles están ricamente decorados con oro y pintados en rojo y azul; la pared posterior del conjunto de columnas está adornada con grandes medallones de pinturas murales: Apolo y Dafne, el ciego Homero, Esopo y paisajes de la Odisea. Entre ellos, Hermes de cabezas antiguas. En el borde inferior del palacio, hacia el norte y el mar, se alza una blanca figura de mármol, Peri, el hada de la luz, que se desliza por las olas sobre las alas de un cisne. Algunas de las esculturas de mármol fueron compradas por Isabel en Roma, del patrimonio de los príncipes Borghese. Una de esas piezas, la "tercera bailarina" de Canova, tiene su historia: el modelo para este delicado cuerpo desnudo fue Paulina Borghese, la hermana predilecta de Napoleón. Isabel conoce el origen de esta estatua. "Me encanta", dice, "no está entre las musas, pero espero que la recibirán bien". Antiguas farolas de bronce cuelgan de cadenas entre las columnas.

El doctor Constantin Christomanos, profesor de griego y acompañante de la emperatriz.

En el extenso jardín del palacio hay antiquísimos cipreses, magnolias y olivos, y entre ellos macizos de flores con rosas y jacintos. Junto a la fuente hay un sátiro negro que lleva a un Dionisio-niño sobre los hombros. En el borde del jardín, donde la pendiente baja hacia el mar, Isabel se hace instalar un toldo circular multicolor de una tela con dibujos de la antigüedad. Desde aquí hay una amplia vista al mar y hacia las lejanas montañas de Albania. Hacia el norte hay otras dos terrazas. El borde extremo está iluminado por el "Aquiles

Un mapa de Corfú del año 1894. El Achilleion está situado al sur de la capital (marcado con un punto rojo).

moribundo", el predilecto de Isabel. "Era fuerte, pero a pesar de ello menospreciaba a todos los reyes y todas las tradiciones ..., para él sólo era sagrada su propia voluntad y sólo vivía sus propios sueños...". Unas escaleras de mármol conducen desde aquí a la segunda terraza inferior. Entre rosas descansa Hermes, una copia del famoso bronce de Herculano. Se baja a la tercera terraza, la "terraza de Aquiles", por una doble escalinata semicircular. Isabel la llama "mi jardín colgante". La gruta de estalactitas forma parte del estilo de Isabel, emana una penumbra verde, generada artificialmente. En el fondo se han dispuesto espejos que alargan hasta el infinito la superficie del agua. Es la "Gruta de Calipso" de Isabel. A ambos lados del "Aquiles moribundo" marchan ninfas del bosque y un fauno ebrio reluce desde el follaje.

Quiere que, en la medida de lo posible, cada elemento en la decoración interior sea del material más noble y se ajuste a un determinado modelo. Vemos asientos como el que Adrastos ofreció a Elena, repujados con plata y marfil, recubiertos con grandes vellones de oveja, delicados taburetes y armarios, reproducciones de piezas antiguas. Se prestó especial atención a la gran cama griega, que sólo se eleva pocos centímetros del suelo. Contra los brillantes postes se estrechan ninfas que portan la "almohada que huele a sueños". Sobre la cama se ha echado una manta de seda, tal como

Elena ordenó a sus criadas que prepararan el lecho para Telémaco. Junto a las paredes hay magníficos jarrones de cristal azul, como los que se ponían a un muerto en la tumba. En la planta intermedia, que no tiene acceso directo desde el jardín, están las habitaciones de los huéspedes, los aposentos para el emperador y para la archiduquesa Valeria. Este palacio, creado para la vista y la ensoñación, se convertirá en el hogar de Isabel.

En Viena le reprocharon esta construcción. No quisieron comprender la idea de este palacio griego antiguo, con sus ciento veintiocho habitaciones, con sus terrazas y columnatas, sus salas y antesalas, con establos para cincuenta caballos. El palacio de Isabel junto al mar se tragó sumas ingentes y, aunque Francisco José se hizo cargo de los costes presupuestados, Isabel añadió parte de su tesoro de joyas para poder configurar el edificio según sus gustos.

Con el "Achilleion", la más desdichada de todas las reinas se erigió un monumento, un monumento que nos cuenta sobre ella mucho más que las páginas del diario de su fiel acompañante el doctor Christomanos. La huida del penoso presente hacia un escenario propio es algo que comparte con su primo Luis II de Baviera, el constructor de Linderhof, Neuschwanstein y Herrenchiemsee, a quien visitó en su "Isla de las Rosas" cerca de Feldafing cuando ya había sido derrocado. Su fantasía

Richard Bitterlich, *La emperatriz Isabel con vestido negro con cuello de encaje y cruz de rubíes.*

para construir era menos desenfrenada que la del rey de Baviera, pero también está arrastrada por el afán de aislamiento. La vista que descansa sobre lo construido y el mar, que rodea a la ciudad extranjera y a las lejanas montañas, deben ser un mundo propio, infinitamente lejos del mundo anterior. ... Lo que pocos sabían era que esta emperatriz, madre y ahora también abuela, siguió siendo una muchacha hasta el fin. Igual que cuanto tenía dieciséis años, lleva en Corfú su diario, en el que ensalza al mar y recoge su dolor. "El mar siempre me quiere tener; sé que le pertenezco. Cuando estamos en alta mar, me hago atar a una silla; igual que Ulises, porque las olas me atraen ... ¿Qué más sucedería, si me ahogara ...?"

Una confidente para el emperador: Catalina Schratt

Es ante todo una jugada maestra haber podido aproximar a Catalina Schratt al emperador y suscitar la amistad que animó el otoño de la vida de Francisco José. El emperador tiene cincuenta y ocho años, está solo, desde que Isabel pasa la mayor parte del tiempo en el Achilleion y en sus viajes, corre el riesgo de quedarse aislado y entumecido por su trabajo cotidiano. La distancia entre padre e hijo había aumentado antes de la muerte de Rodolfo, pese al respeto que éste sentía hacia el emperador: el príncipe heredero no pudo reducir ese distanciamiento y el emperador era muy parco en palabras, tanto como para no poder transformar una audiencia en una conversación. También para las hijas el padre es ante todo el

Hoy quiero enviarte mis más entrañables deseos de felicidad, con la bella súplica de que también en el futuro, tal vez breve, que aún nos queda, sigas siendo tan buena y amorosa conmigo como siempre lo has sido, cada vez más. Y también quiero expresarte, ya que no sé mostrártelo lo suficiente, aunque te aburriría, cuán inconteniblemente te amo. Que Dios te bendiga, te proteja y nos conceda un reencuentro acogedor, eso es todo lo que podemos desear y esperar ... Tu pequeño.

Carta de Francisco José a Isabel, diciembre de 1892

emperador. Cuando una vez la condesa Cornis dice a la archiduquesa Valeria que debería ser más afectuosa con el emperador, que a fin de cuentas es su padre, la hija le contesta: "Pero si es Su Majestad". Él mismo no halló durante esos años ninguna vía hacia un corazón. Quienes permanentemente lo acompañaron durante su vida también comienzan a entumecerse. Sólo la genial franqueza de una mujer podía conseguir traspasar ese muro y, con inteligencia y delicadeza, liberar de su cárcel al emperador. Isabel encontró a esa mujer que le faltaba a Francisco José. Ella misma, como decía su madre, la vieja duquesa Ludovica, era "para Francisco José una mujer demasiado incómoda". Con la Señora Schratt, sencilla y siempre alegre, el emperador olvida sus cuitas cotidianas.

La actriz de la Corte de Viena Catalina Schratt.

Isabel ve que sus previsiones se confirman: el emperador siente que su vida se ha enriquecido, se siente a gusto. El valor de Isabel para anteponer lo humano a todos los dictados de las convenciones ha triunfado. Y sigue triunfando sobre las pequeñas inquietudes que surgen en la Corte y entre los parientes. No hay nada que se pueda interpretar mal en la relación que une a la Señora Schratt con el emperador. Tanto Isabel como Francisco José agradecen al azar que les ha deparado la amistad de la artista vienesa. Es la primera vez desde hace años que surge el sol en la helada y siempre nublada Corte imperial. Sin embargo, no faltan las dudas. Lo que una dama de la Corte escribe en su diario, que "muchos reprochan a la emperatriz la relación de amistad con la

Wilhelm Richter, *La emperatriz Isabel en traje de montar negro de caza en Hungría*, 1876.

actriz de la Hofburg Catalina Schratt, a la que se tiene por la amiga del emperador", lo dicen no sólo los lacayos preocupados por la reputación de la Corte.

En enero de 1982 muere la madre de Isabel. A partir de ese momento, la emperatriz se vuelve aún más huraña. Tampoco Corfú la retiene. Cuando está aquí, le encanta caminar sola por los escarpados senderos que conducen las montañas, sin su dama de compañía, la condesa Sztáray, y sin el doctor Christomanos. Cuando termina sus paseos, aprende griego con Christomanos. Por las tardes toma un baño en la bañera de mármol de la Villa Borghese. En el palacio del mar reina el silencio a las nueve de la noche. Sólo a veces sucede que la emperatriz, aquejada por el insomnio, se levanta por la noche. Entonces ve al jardinero, que cruza la terraza hacia el oscuro parque con cuidado para no despertar a nadie. El viejo guardia no se atreve a saludar cuando la mujer de negro pasa a su lado como una sombra.

Por la tarde, mamá, papá y yo le enseñamos el jardín a la Sra. Schratt... Ella es realmente sencilla y simpática, pero yo siento algo de rencor, aunque ella no tiene la culpa de que papá albergue esa amistad por ella, pero la mala gente habla y esas personas no pueden creer la ingenuidad con la que papá se toma el asunto, lo conmovedor que resulta... me parece que mamá no debería haber dado alas a esta relación de amistad.

Entrada en el diario de María Valeria
el 4 de agosto de 1888

En el año 1896 se exige que Isabel interrumpa su vida itinerante, se quite el vestido negro y, por un momento, vuelva a ser reina: Hungría se prepara para la celebración de su milenio. Isabel está en Cap Martin, su vecina es la emperatriz Eugenia. Las dos mujeres se entienden bien, Isabel es cariñosa y atenta con la vieja dama, que aquí intenta olvidar una vida grande. El ambiente no es favorable a la llamada desde Viena. "Ya no sirvo para estas cosas", dice Isabel, cuando se pide que esté presente en Budapest. En marzo la visita el emperador para convencer a Isabel. El presidente Faure, que inaugura un monumento en Mentone, visita Cap Martin. Por casualidad, su coche pasa por la casa de la emperatriz Eugenia. Francisco José consigue hacer cambiar de opinión a Isabel. Aunque aún tiene dudas – "Me temo que en los festejos seré

Arriba: Postal con vistas del puente sobre el Danubio que recibió el nombre de Isabel (construido en 1903, dinamitado en 1945), al fondo el Palacio Real de Budapest, hacia 1905.

Abajo: Lajos Márk, *Isabel y su hija Gisela visitan el Café Gerbeaud en Budapest*, 1900.

PÁGINA IZQUIERDA: Philip Alexius de László, *La emperatriz Isabel con corona*, hacia 1898.

DERECHA: El escritorio de Sisí en el Palacio Real de Budapest.

una triste figura" – acepta ir. Para despedir al emperador, Isabel ofrece un almuerzo a bordo del *Miramar*. Sus invitados son la emperatriz Eugenia y el príncipe de Gales. Isabel llega a Budapest en mayo. La nobleza el parlamento y la prensa no la llamaron por solicitud cortesana, aquí realmente la veneran. La reina tiene cincuenta y nueve años y es el personaje más cargado de dignidad en este acontecimiento festivo. Está sentada en el trono junto al rey, envuelta en un vestido de seda negro. Un largo velo negro cubre sus cabellos. Está muy pálida y parece incapaz de decir una palabra. "Temíamos", escribe un testigo de la celebración, "que no podría soportar más el martirio". Cuando el presidente del parlamento la nombra resuena un torrente de vítores *¡Éljen, Erzsébet!* y pasan muchos minutos hasta que se calma el entusiasmo. "El rostro blanco como la nieve de la reina enrojece y ya no puede contener su emoción, oculta las lágrimas en su pañuelo de encaje." Fue la última ocasión en que se vio en público a Isabel.

La muerte de la hermana de Isabel Sofía

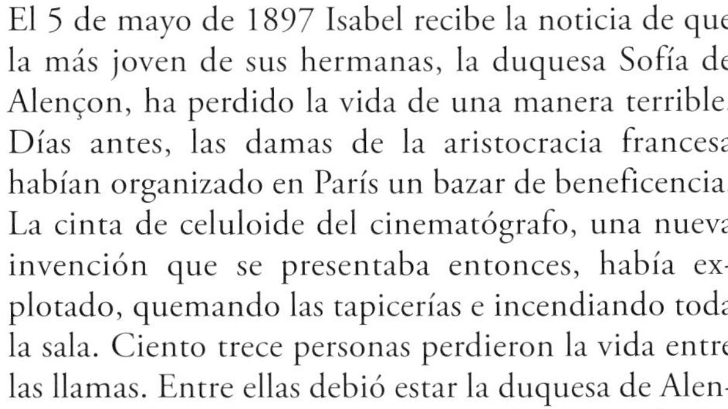

El 5 de mayo de 1897 Isabel recibe la noticia de que la más joven de sus hermanas, la duquesa Sofía de Alençon, ha perdido la vida de una manera terrible. Días antes, las damas de la aristocracia francesa habían organizado en París un bazar de beneficencia. La cinta de celuloide del cinematógrafo, una nueva invención que se presentaba entonces, había explotado, quemando las tapicerías e incendiando toda la sala. Ciento trece personas perdieron la vida entre las llamas. Entre ellas debió estar la duquesa de Alençon, que pertenecía al comité. Se encontró uno de sus anillos y sólo más tarde los restos del cuerpo carbonizado. El duque, herido también, en compañía de las hermanas de la emperatriz, de la reina de Nápoles y de la condesa Trani, había buscado toda la noche, sin suerte, entre los heridos que se encontraban en los hospitales y en casas particulares. Los detalles de la catástrofe son espantosos. La duquesa, se comenta, podría haberse salvado, pero le había dejado la preferencia a la joven de su carpa; se la había escuchado decir: «Le devoir avant tout»[7]. Más tarde se había encontrado su cráneo entre los escombros, debajo de los cadáveres; la doncella lo reconoció por los dientes. Nadie fue capaz de asegurar que las partes del cuerpo que se enterraron junto con el cráneo habían pertenecido realmente al cuerpo de la duquesa.

Isabel y Sofía habían estado muy unidas. Isabel habla esa noche del desgraciado sino de su familia. "Sigue avanzando y es aún peor".

Sofía, la hermana menor de Isabel, cuando se prometió a Luis II, el "rey de los cuentos de hadas". La emperatriz había consolado a la menor cuando el 11 de octubre de 1865 Luis II de Baviera, poco antes de la boda planeada, disolvió su compromiso con Sofía.

Portada de *Le Petit Journal* del 16 de mayo de 1897 con un reportaje sobre el incendio en el bazar benéfico de París. En el centro se ve a la duquesa Sofía que muere entre las llamas.

Le Petit Journal

Le Petit Journal

Le Supplément illustré

SUPPLÉMENT ILLUSTRÉ

Huit pages : CINQ centimes

ABONNEMENTS

Huitième année — DIMANCHE 16 MAI 1897 — Numéro 339

INCENDIE DU BAZAR DE LA CHARITÉ

LE SINISTRE

Últimos viajes errantes

Visita, muy dolorida, al profesor Sotier en Kissingen. La cura no le aporta una recuperación. Aumenta la inquietud de Isabel. No permanece en ningún sitio. De Kissingen a Langenschwalbach, regreso a Lainz, en julio a Ischl. La lluvia y las inundaciones la envían al lago de Karer. En noviembre está en Biarritz. "Lluvia fría sin cesar, el termómetro bajo cero. Estábamos helados y tiritando". La emperatriz tiene insomnio, está nerviosa, con lacerantes dolores reumáticos en las articulaciones, pero no quiere saber nada de médicos. Tiene tanta fe en el mar, que ahora, pese al frío y a los dolores, se quiere bañar. Con delicada firmeza hay que impedírselo. Finalmente, los dolores vencen a la obstinación. El médico recomienda un clima más templado, las Islas Canarias. Pero Isabel viaja a París para un tratamiento de masajes. De sus cuatro hermanas aún viven María, reina de Nápoles, y Matilde, condesa Trani. Matilde tiene las mismas costumbres que la emperatriz, siempre está de viaje, bajo el modesto nombre de Nelly Schmidt. Las dos están en París. Las tres hermanas pasan el 24 de diciembre de 1987, día del sexagésimo cumpleaños, en el

Hotel Dominici. Para el Año Nuevo viajan a Marsella, donde las espera el yate de Isabel.

El 1 de marzo de 1898 las hermanas viajan de Turín a Territet, en Suiza. Matilde se despide para visitar Múnich. Isabel se queda en Territet. La acompañan la condesa Sztáray y Federico Barker, el joven lector. Su salud empeora. A sus padecimientos por la gota se añaden dolores de nervios. Abandona Suiza y viaja a Kissingen. Francisco José la visita brevemente en mayo. El tratamiento no ha conducido a ninguna mejoría. Isabel llega enferma a Lainz. "Ocultaba su rostro afilado y hundido, ya no soportaba ver a gente a su alrededor. Incluso la presencia de su esposo y de los hijos la

En el concierto en el Casino en Bad Kissingen, postal hacia 1900.

Wilhelm Gause, *Francisco José e Isabel de paseo en Cap Martin (Menton) en la Riviera francesa*, 1898.

fatigaban". Las frías noches y las tempranas nieblas en el parque zoológico de Lainz la obligan a marcharse. El 2 de julio viaja a Ischl, pero no espera hasta el cumpleaños de Francisco José. La prensa informa en julio de que la emperatriz ha debido ir a Bad Nauheim. La anemia, una fuerte inflamación de los nervios, el persistente insomnio y una reciente dilatación cardiaca al parecer obligan a que la emperatriz se someta a un tratamiento en Nauheim. Durante el viaje al balneario alemán, Isabel se detiene en Múnich sin visitar a sus parientes. Permanece en Nauheim hasta el 29 de agosto y luego vuelve a Suiza. Esta vez elige Mont de Caux. Se siente mejor y puede otra vez pasear por los bosques próximos. Tiene la intención de quedarse cinco semanas. Tal como lo escribe, quiere estar en Viena el 2 de diciembre para la celebración del cincuentenario de la ascensión al trono de Francisco José. El 9 de septiembre de 1898 la visita a la baronesa Mathilde Rothschild en el palacio Pregny, antigua propiedad de José Bonaparte. "La noche anterior", escribe el joven Barker, "estábamos

La emperatriz Isabel con la condesa Irma Sztáray, dama de compañía húngara, en Territet en el lago de Ginebra. Ilustración según la última fotografía hecha el día antes del atentado.

sentados sobre una roca cerca del muelle de Territet. La emperatriz peló un melocotón y me ofreció la mitad. Un cuervo, de la bandada de negros pájaros que pueblan el lugar, levantó el vuelo y pasó tan cerca que con sus alas golpeó la fruta haciéndola saltar de la mano de la emperatriz. Es el ave agorera de los Habsburgo. No me atreví a decirlo. La emperatriz, como si lo hubiera adivinado, me miró y dijo: 'Querido amigo, no tengo miedo, soy fatalista. Lo que tenga que suceder, sucederá'". Después de la visita a los Rothschild en Pregny, la emperatriz viaja a Ginebra. Nuevamente se aloja en el Hotel Beau Rivage, en el Quai du Mont Blanc. La propietaria conoce a su huésped y se respeta su deseo de permanecer de incógnito, pero el gobierno cantonal está al corriente, también desde Viena. Los policías secretos del departamento político ya se han apostado antes de la llegada de la emperatriz.

Al día siguiente, el sábado 10 de septiembre de 1898, a la una y veinte, Isabel deja el hotel junto con la condesa Sztáray y Barker. Quieren regresar a Mont de Caux. Ya ha sonado la señal de partida del barco, pero no es seguro que aún lo alcancen. La condesa Sztáray se adelanta apresuradamente. La emperatriz camina por el muelle con su lado derecho hacia tierra y, a su izquierda, un paso atrás, va Barker. En ese instante un hombre, que había estado apoyado en la barrera del muelle, cruza en dos zancadas la senda de peatones, gira bruscamente hacia el lado derecho de la emperatriz y le asesta un golpe. Isabel se tambalea, Barker la sujeta y la sostiene junto con la condesa Sztáray que vuelve deprisa. Le preguntan si el golpe la ha herido y ella contesta: "No lo sé." Avanza, apoyada, los veinticinco metros que faltan hasta el embarcadero, pero entonces se derrumba. La transportan al barco, donde pierde el conocimiento. Entretanto, el vapor se ha puesto en marcha. La condesa Sztáray piensa que el desvanecimiento se debe al golpe o al sobresalto. Ella y as damas que están a bordo se

El atentado contra Isabel. Ilustración de prensa de la época.

ocupan de la desmayada. Buscan un médico entre los pasajeros. No hay ningún médico a bordo. La condesa Sztáray ha abierto la blusa de la emperatriz y ha aflojado el corsé. Isabel recobra el conocimiento y pregunta: "¿Qué ha pasado?" A un centímetro debajo del pecho izquierdo de la emperatriz, la dama de la Corte ve una fina herida cortante, como hecha con una navaja de afeitar, de la que manan dos gotas de sangre. Espantada, llama al capitán y le dice quién es la dama enferma.

IZQUIERDA: El sonriente autor del atentado, Luigi Luccheni.

DERECHA: La edición especial de *Neue Freie Presse* del 10 de septiembre de 1898 anuncia el asesinato de la emperatriz.

Neue

Freie Presse.

Extra-Ausgabe.

№ 12230. Wien, Samstag, den 10. September 18

Die Kaiserin ermorde

Wien, 10. September, 5 Uhr Nachmitta

Eine entsetzliche, niederschmetternde Nach ist soeben eingetroffen. Unsere edle Kaiserin E beth, aus deren Händen die Welt nur G empfing, ist an den Ufern des Genfer Sees, w sie gekommen war, um Heilung für ihre Le zu finden, von einem Elenden ermordet worde

Folgende Depeschen sind uns zugegangen:

Genf, 10. September. **Kaiserin Elisabeth** hatte heute eine Spazierfahrt Dampfer über den Genfer See unternommen. Als das Schiff in Genf landete und die B das Schiff verließen, **näherte sich der Kaiserin ein Individuum, das ihr ein messer in die Herzgegend stieß.** Die Kaiserin wurde blutend aufs Schiff gebracht. ihr Zustand sichtlich verschlimmerte, trug man die Kaiserin ans Land und bettete sie Tragbare, **wo sie den Geist aufgab.**

Der Mörder, ein Italiener, wurde von der Menge **sofort festgehalten** und gebracht. Er gab an, ein **Anarchist** zu sein.

Genf, 10. September. Als die Kaiserin ins Hotel gebracht wurde, war sie bereits ein

Wien, 10. September. Der Minister-Präsident Graf Thun ist soeben nach Sc gefahren, um den Kaiser die Unglücksbotschaft mitzutheilen.

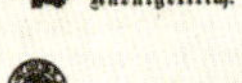

Unentgeltlich.

El capitán hace regresar al barco. Entretanto se han agolpado muchas personas en el muelle. Dos cocheros habían visto al hombre que había empujado a la emperatriz arrojar un puñal y salir corriendo. Primero quiso ir a lo largo del Quai du Mont Blanc, luego se dirigió hacia la Rue des Alpes. Lo atraparon y redujeron ante el monumento de Carlos de Braunschweig. Cuando

PÁGINA DERECHA

ARRIBA: El cortejo mortuorio en Ginebra. Al fondo, el hotel Beau Rivage.

ABAJO: Cientos de miles de personas siguen la procesión fúnebre por las calles de Viena.

Ha llegado tal como ella lo deseaba, rápida, sin dolor, sin tratamientos médicos, sin incontables días de preocupación para los suyos.

María Valeria en su diario

los portadores cruzan el embarcadero con la camilla ya se ha dado la alarma. En el hotel preparan la habitación. El doctor Golay, el primer médico que llega, inmediatamente intenta reanimar la respiración y se hacen fricciones con cepillos. Un corte en la mano derecha del que no sale una gota de sangre ha de convencer de que ya se ha producido la muerte.

El puñal del asesino, de doble filo, penetró debajo de la cuarta costilla y produjo una hemorragia interna. El asesino, Luigi Luccheni, nacido en París el 21 de abril de 1873, inscrito por última vez en Lausana, confesó que era anarquista. Había venido a Ginebra con la intención de matar al duque de Orleáns. No lo encontró, también lo buscó en vano en Évian y regresó a Ginebra. Aquí decidió asesinar a la primera persona coronada

Despedida en el velatorio a la emperatriz Isabel en Viena.

que se cruzara por su camino. Por un periódico, sabía que la emperatriz de Austria estaba en Ginebra. La había visto en Budapest cuatro años antes y estaba seguro de que la reconocería. Y así, el insensato puñal se clavó en una noble y doliente mujer cuya corona había sido una corona de espinas. El 11 de septiembre, un tren especial condujo a Viena el cuerpo de Isabel. Como atestigua Christomanos, Isabel deseaba que su última morada fuera Corfú. En su testamento también figura este deseo. Recibió sepultura en la Cripta de los Capuchinos de Viena, como decimoquinta en la fila de las emperatrices que allí descansan. Isabel, que en vida fue solitaria, recibió en su muerte las atenciones de todo el mundo. Llegaron flores a su tumba desde todos los rincones de la tierra, de Francia, Grecia, Italia, Irlanda y Egipto. Mujeres de El Cairo enviaron rosas de Jericó y flores de loto junto con una rama de la antigua higuera bajo la cual, según la leyenda de la huida ante Herodes, descansó María. La cinta negra de este ramo llevaba la siguiente inscripción:

Los rasgos juveniles de la emperatriz Isabel han quedado inmortalizados en esta máscara mortuoria idealizada.

"FLORES ETIAM MISERI DESERTORUM TE SALUTANT!" – "¡TAMBIÉN LAS POBRES FLORES DEL DESIERTO TE SALUDAN!"

Isabel de Austria forma hoy en día parte del imaginario popular austríaco y húngaro. En Viena, en Gödöllő y en Possenhofen hay exposiciones en recuerdo de la emperatriz y en otros muchos sitios se han erigido estatuas en su memoria:

Arriba izquierda: Feldafing (Baviera, anteriormente Franzensbad en Bohemia) • Arriba centro: Gödöllő (Hungría) • Arriba derecha: Corfú (Grecia) • Abajo izquierda: Meran (Italia) • Abajo centro: Volksgarten de Viena • Abajo derecha: Ginebra (Suiza).

Página derecha: Franz Windhager, *Monumento a la emperatriz Isabel en Viena*.

Página 104: Carteles de cine de la famosa trilogía de Sisí de la década de 1950.

El presente texto consta de fragmentos extraídos de las obras de Karl Tschuppik *Joseph I. – Der Untergang eines Reiches* (1928) y *Elisabeth – Kaiserin von Österreich* (1929). Se han completado fechas y nombres donde lo requería la compaginación de los fragmentos de texto y se han incluido títulos para facilitar las divisiones del texto.

Procedencia de las imágenes

Leyenda: l=izquierda (laevus), d=derecha (dexter), s=arriba (superus), i=abajo (inferus)

Austrian Newspapers Online: 29, 30d, 72, 101 • Beta Film GmbH, con su amable autorización: 25 • Biblioteca Nacional Francesa: 93 • Bundesmobilienverwaltung/Hofmobiliendepot, Viena: 38 • Palacio Real de Gödöllő: 53 • Castillo de Schönbrunn: 51, 69d • De propiedad privada: 1, 5, 7, 8i, 9d, 11–15, 17, 18ir, 20, 31, 32, 34, 37s, 41–43, 60, 62–65, 69l, 70, 73, 76, 85, 88il, 90, 100, 103 • Hamann, Brigitte: *Elisabeth. Kaiserin wider Willen.* Viena/Múnich/Berlín 1996: 23 • Kunsthistorisches Museum, Viena: 25/26 • Museo de Viena: 6i, 8s, 9sl, 33, 40, 49il, 59, 87, 95 • Wiener Hofburg: 28, 56

El resto de imágenes proceden del archivo de la editorial Vitalis y de colecciones de dominio público en internet.

Imagen de cubierta: Franz Xaver Winterhalter, *La emperatriz Elisabeth con estrellas de diamantes*, 1865. Fotografía de Julius Silver. Contracubierta: Castillo de Schönbrunn, según G. Heisinger y M. Kolb, sin fecha.

Observaciones:

1: Konrad Deubler (1814–1884), por difundir escritos educativos y críticos con la religión, fue condenado a varios años de dura cárcel.
2: Bajo el seudónimo de "Phantasus", el padre de Isabel publicó varias obras dramáticas y novelas.
3: Isabel había encontrado sobre su escritorio un cuaderno con extractos de texto subrayados, entre otros: "La vocación natural de una reina es dar sucesores a la corona... Si la reina no trae al mundo hijos varones, sólo es una extraña en el Estado."
4: El patriota y eminente político húngaro conde Gyula Andrássy (1823–1890) se convirtió en un amigo de confianza de Isabel.
5: ¡Viva Isabel!
6: Karl Ludwig Grünne, conde de Pinchard (1808–1884), general austríaco y favorito de la archiduquesa Sofía.
7: El deber ante todo.

 • Traducción del alemán por Pablo Grosschmid • Editado en la Unión Europea • ISBN 978-3-89919-781-5 (Vitalis GmbH) • ISBN 978-80-7253-449-4 (Vitalis s.r.o.) • • www.vitalis-verlag.com